Seite 75

2. **Kleinschreibung:** die napoleonischen Feldzüge, die politische Bildung, die italienische Pizza, die polnische Hauptstadt; **Großschreibung:** der Große Wagen, das Rote Meer, der Dresdener Bürgermeister, die Pariser Metro, das Zweite Deutsche Fernsehen, die Frankfurter Börse, die Deutsche Bank, die Mailänder Mode, der Bayerische Wald, der Stille Ozean, die Kanarischen Inseln, der Nürnberger Lebkuchen

3. **Kleinschreibung:** Von Namen abgeleitete Adjektive auf –isch schreibst du wie alle Adjektive klein, sofern sie nicht Bestandteil eines Eigennamens sind.; **Großschreibung:** Adjektive, die Bestandteil eines Eigennamens sind, sowie von geografischen Namen abgeleitete Wörter auf –er schreibst du groß.

Seite 76

4. b) Allgäuer Alpen, c) Thomas-Mann-Allee, d) Berliner Straße, e) Genfer See, f) Heinestraße

Fehlerschwerpunkte erkennen und Texte korrigieren

Seite 77

1./2. **erste Postkarte:** Ihnen, Grüße, Ordnung, zugesehen, das, Ihnen, Sie, Bis;
zweite Postkarte: alles, Liebe, Österreich, super, Pulverschnee, gestern, Spaß, süß, Nacht, abgefahren;
E-Mail: Urlaub, klasse, Sonne, waren, Meer, Wasser, Luftmatratze, gekauft, gemütlich, hoffe, endlich, außerdem

Seite 78

3. abhängig von Schülerbeiträgen; z. B. Lieber Hanno, du machst häufig bei Groß- und Kleinschreibung, vor allem bei der Höflichkeitsform, und bei Wörtern mit s-Lauten Fehler …; Hallo Anna, deine Fehlerschwerpunkte sind die Groß- und Kleinschreibung, die Getrennt- und Zusammenschreibung sowie die s-Laute …; Hi Jannik, deine häufigsten Fehler treten bei gleich und ähnlich klingenden Lauten und bei Vokalen auf …

Das kannst du jetzt!

Seite 79

1. Rathausplatz, Martinskirche, Franziskanerklosters, Franziskanergasse, Haus zum Walfisch, spätgotischen Portalerker, Basler Hof, Kaiser-Joseph-Straße, Münsterstraße, Münsterplatz, Münstermarkt, Herrenstraße, Münzgasse, Konviktstraße, Schwabentor, Gasthof zum Roten Bären, Augustinerplatz, Augustinermuseum, malerische Schneckenvorstadt, Gerberau, Fischerau, Gewerbekanal, Martinstor, Bertoldstraße, Alten Universität, Universitätsviertel, Platz der Alten Synagoge, Stadttheater, Schwarzen Kloster, Archäologische Museum, Turmstraße, älteste Ratsgebäude, Gerichtslaube

Extra: Üben

Seite 80

1. In unserem Ferienhaus am Meer ist es auch im Sommer angenehm kühl. Das liegt an der Bauweise und der guten Isolierung. Von der Terrasse hat man einen herrlichen Blick über die Insel. Am liebsten liege ich in der Hängematte im Garten und lese ein Buch. Die beiden hohen Kirschbäume spenden mir Schatten. Aber auch am nahen Strand lässt sich so mancher Nachmittag verbringen.

2. a) Bank, häufig, Geld; b) Moped, hupen, läuft, Gehweg; c) Laubbäume, Wald, bunt; d) König, Festzug, Volk

3. abhängig von Schülerbeiträgen; z. B. häufig – Haufen, haufenweise; Geld – Gelder, Geldbeutel; Moped – Mopedführerschein, Pedal; hupen – Hupe, Hupton; läuft – laufen, Läufer; Gehweg – Wege, Wegweiser; Laubbäume – Baum, aufbäumen; Wald – Wälder, bewaldet; bunt – bunter, Buntstift; König – königlich, Königin; Festzug – Züge, zügig; Volk – Völker, Volksabstimmung, Völkerkunde

Seite 81

4. b) essen gehen; c) Bus fahren; d) schwarzfahren; e) freisprechen; f) Schlittschuh zu laufen

Test – Sprache thematisieren

Grammatik

Seite 82

1. A: … Piratin, die …; B: … dafür, dass …; C: … an, schneidet … Vaters, das …; D: … dazu, dass …; E: … nehmen, reist …

2. B: HS, NS (Objektsatz); C: HS (mit Aufzählung), NS (Relativsatz); D: HS, NS (Objektsatz) – HS; E: NS (Temporalsatz), HS

3. A: Der Doppelpunkt kündigt eine Erläuterung an. Gedankenstrich, Komma oder Klammern wären auch möglich.; D: Der Gedankenstrich kündigt eine Erläuterung, eine zusätzliche Angabe an. Möglich wäre hier auch ein Komma.

Seite 83

4. Der erste Absatz (bis Z. 13) ist stilistisch nicht gelungen. Mithilfe vieler verschiedener Satzzeichen, wie Kommas, Klammern, Gedankenstriche etc., werden in die einzelnen Sätze zu viele Informationen eingebracht. Dies erschwert den Lesefluss und das Verständnis. Eine Verbesserung müsste darauf hinauslaufen, die Einschübe und nachträglichen Erläuterungen zu reduzieren und mehr kürzere Sätze zu bilden.

5. z. B. … sorgte – /(gerade in seiner Anfangszeit – /) immer …; … Welle des Protestes aus: er machte …; Elternverbände, Lehrerorganisationen; verschiedene religiöse Gruppierungen sowie auch Politiker …; … bremsen – im Gegenteil.

Rechtschreibung

Seite 84

1. Paradeplatz, Freiheitsplatz, Langgasse, Langstraße, hessische Stadt, Historische Museum, Schloss Philippsruhe, Brüder-Grimm-Festspiele, Brüder-Grimm-Preis, Deutsche Märchenstraße, Deutsche Wörterbuch, Brüder-Grimm-Platz, Torwache, Brüder-Grimm-Denkmal, Brüder-Grimm-Museum, Barfüßerstraße, Marburger Romantikern

2. Reihenfolge im Text: vgl. Karte, 600 km, u. a. als Heimat, Bibliothekare bzw. Wissenschaftler, z. B. das Deutsche Wörterbuch, „Kassel Marketing GmbH", u. a. zum Brüder-Grimm-Platz, v. a. das Brüder-Grimm-Denkmal, dortigen Uni, Märchen u. Ä., in unser Jh., verschiedenen Aufl., mehreren Bd.

Test – Hörverstehen

Seite 85

2. dmr (Deutsches Medizinradio)

3. die Ambrosie als Allergieauslöser

4. falsch, falsch, richtig, richtig

5. durch Musik

6. 1 Vorkommen der Ambrosie in Deutschland, 2 Ausbreitung der Ambrosie in Deutschland, 3 Schutz gegen Ausbreitung der Ambrosie, 4 Hobbygärtner gegen Ausbreitung der Ambrosie, 5 Erkennen der Beifußambrosie

Seite 86

7. Der Sachverständige in dem Hörbeitrag ist Biologe.

8. richtig, falsch, richtig, richtig, richtig

9. drei

10. Man sollte die Pflanzen nicht in den Kompost geben, da die Samen die Kompostierung überleben können. Sie können sich im Kompost weiter ausbreiten.

11. In der Schweiz gibt es schon länger eine Verordnung, die Landwirte zur Meldung von Vorkommen der Ambrosie verpflichtet. Bei Zuwiderhandlung drohen hohe Bußgelder. Die Behörden sind zu Kontrollen, auch auf Privatgrundstücken, berechtigt.

Test – Verstehendes Lesen
Sachtext

`Seite 88`

2. richtig, falsch, richtig, richtig, falsch

3. Carola Griehl, Biochemikerin, Hochschule Anhalt in Köthen

4. falsch, richtig, richtig, falsch, richtig

5. Die Algen verbrauchen beim Wachsen soviel CO_2 wie später beim Verbrennen im Motor entsteht, d.h., es entsteht kein zusätzliches CO_2.

`Seite 89`

6. falsch, richtig, falsch, richtig, richtig

7. Der Kerosin-Bedarf für Passagierflugzeuge kann momentan durch Algen noch nicht gedeckt werden, da die Menge der angebauten Algen zu gering ist.

8. abhängig von Schülerbeiträgen

9. Der vorliegende Text ist eine wissenschaftliche Reportage.

Literarischer Text

`Seite 90`

2. Der Schauplatz der Handlung ist ein Mietshaus, in dem mehrere unterschiedliche Parteien leben.

3. ein (vermutlich) älteres Ehepaar – junge Familien mit kleinen Kindern

4. Der Konflikt wird ausgelöst durch das Verhalten des Ehepaars.

5. falsch, richtig, falsch

`Seite 91`

6. Mit „Hölle" meint die Ich-Erzählerin den Lärm und Krach im Haus, der vorwiegend durch die kleinen Kinder verursacht wurde.

7. 1 Der Mann und die Frau telefonieren mit den jungen Leuten., 2 Das Ehepaar gibt sich mit vorgebrachten Ausreden nicht zufrieden., 3 Der Mann beschwert sich jede Woche beim Hauswirt., 4 Der Hauswirt droht mit fristlosen Kündigungen.

8. Die jungen Familien ziehen nicht um, weil sie keine höhere Miete zahlen können.

9. z.B. Vermutlich haben die Eltern Tränen in den Augen, weil sie aus Angst vor der Kündigung ihre Kinder daran hindern müssen, sich wie Kinder zu verhalten bzw. weil sie ihre Kinder gezwungenermaßen auf unnatürliche Weise ruhigstellen.

10. richtig, richtig, falsch, falsch, richtig

11. richtig, falsch, richtig, richtig

Test – Schreiben

1. abhängig von Schülerbeiträgen; wichtig ist, in der Einleitung die Textsorte, Autorin, Titel, Thema und Kernaussage zu nennen, im Hauptteil wichtige Handlungsschritte darzustellen und die innere Handlung einzubinden und am Schluss die Wirkung und Botschaft des Textes zu verdeutlichen.

2. abhängig von Schülerbeiträgen

Hörtext

Die Beifußblättrige Ambrosie

Dr. Matthias Linzbach: Hallo und herzlich willkommen beim DMR.

Die Augen brennen, die Nase läuft und im fortgeschrittenen Stadium kommt ein tückisches Asthma hinzu.

Viele Menschen leiden unter Allergien gegen Gräser- oder Blütenpollen, Hausstaubmilben, Tierhaare oder Nahrungsmittel. Doch während Allergiker bisher vorwiegend im Frühjahr die fliegenden Pollen von Birke, Haselnuss oder Gräsern belasteten, ist in den letzten Jahren bis in den Spätsommer hinein ein weiteres Allergen hinzugekommen: Die Pollen der Ambrosia artemisiifolia.

Die Beifußblättrige Ambrosie, wie sie auch genannt wird, ist eine ursprünglich in Nordamerika beheimatete Pflanze, die sich seit einigen Jahren rasant in Mitteleuropa ausbreitet und deren Pollen zu den stärksten bekannten Allergieauslösern gehören.

Dr. Ulf Schmitz, Biologe an der Abteilung Geobotantik der Heinrich-Heine-Universität in Düsseldorf und Ambrosia-experte:

Das Ursprungsgebiet der Beifußambrosie ist Nordamerika mit Schwerpunkt USA. Sie kommt aber auch in Mexiko und im Süden Kanadas vor. Es gibt innerhalb der Gattung Ambrosia weltweit ca. vierzig Arten. Von diesen vierzig Arten sind in Deutschland drei bislang regelmäßig nachgewiesen. Von diesen drei Arten ist wiederum nur eine, nämlich die Beifußblättrige Ambrosie, so weit verbreitet und häufig, dass sie überhaupt gesundheitlich relevant ist. Die Samen der Beifußambrosie sind vermutlich zuerst mit Handelsgütern nach Europa gelangt. Das können zum Beispiel Ölsaaten sein, die dann beim Verladen herunterfallen, und sofern diese Saaten dann mit Samen der Ambrosie durchsetzt sind, können dann an der Stelle, wo diese Güter runtergefallen sind, sich Pflanzen entwickeln und möglichweise dann auch weiter vermehren, wenn sie wieder eigene Samen produzieren können.

Dr. Matthias Linzbach: In Deutschland kommt die Ambrosie inzwischen fast überall vor. Besonders häufig in Ostdeutschland und in Ballungsgebieten. Bisher hat man nur in Süddeutschland Pflanzen entdeckt, die sich selbstständig fortpflanzen können, d.h. bereits eingebürgert sind. Meist jedoch erfolgt die Ausbreitung auf einem anderen Weg.

Dr. Ulf Schmitz: Die Ausbreitung erfolgt in Deutschland wohl in erster Linie mit dem Vogelfutter oder mit anderen Ölsaaten, in die dann die Ambrosia-Samen sozusagen als Verunreinigung beigemischt sind. Wenn da etwas daneben fällt, dann können sich an der Stelle, wo etwas heruntergefallen ist, Ambrosia-Pflanzen entwickeln.

Dr. Matthias Linzbach: Der wirksamste Schutz gegen die Ausbreitung der Ambrosie wäre, so Schmitz, deshalb eine Verordnung, die Samenhersteller und Händler zur Saatgutreinigung verpflichtet. D.h., jedes Saatgut müsste vor dem Vertrieb auf Ambrosia-Samen geprüft und von diesen gereinigt werden. Eine solche Verordnung gibt es bisher nicht[1]. Aber auch der Hobbygärtner sollte rechtzeitig etwas gegen die Ausbreitung der Ambrosie tun.

Dr. Ulf Schmitz: Ja, um die Ursache der Ausbreitung von Ambrosia wirklich bei der Wurzel zu packen, müssten im Grunde die Hersteller von Saatgut dazu verpflichtet werden, dafür zu sorgen, dass die von ihnen vertriebenen Samen keine Ambrosia-Saaten enthalten, sprich: Die müssten zur Saatgutreinigung der von ihnen vertriebenen Saaten verpflichtet werden. Wenn man jetzt allerdings als Gartenbesitzer beispielsweise eine Ambrosia-Pflanze bei sich im Garten entdeckt, dann kann man die relativ problemlos beseitigen, indem man die einfach ausreißt oder abschneidet. Man sollte allerdings dabei Gartenhandschuhe tragen, da einige Personen auch auf den Pflanzensaft empfindlich reagieren, und man sollte die Pflanzen, vor allem wenn sie bereits Blüten oder Früchte entwickelt haben, nicht in den Kompost geben, da die Samen die Kompostierung überleben können, sondern die ausgerissene Pflanze mit dem Restmüll entsorgen. Der Einsatz von Herbiziden wird ausdrücklich nicht empfohlen, da die Pflanze sich durch Abschneiden leicht beseitigen lässt und da Herbizide nicht nur einheimische Pflanzen vernichten und schädigen würden, sondern auch den Boden und das Grundwasser belasten.

Dr. Matthias Linzbach: Wie erkennt man als Laie die Beifußambrosie?

Dr. Ulf Schmitz: Die Beifußambrosie ist aufgrund ihrer charakteristischen Blattform relativ leicht zu erkennen. Wenn man sich unsicher ist, sollte man sich im Internet Fotos anschauen, um zu überprüfen, ob es sich bei der Pflanze, die man gefunden hat, tatsächlich um eine Ambrosie handelt. Man könnte die Beifußambrosie möglicherweise mit dem Beifuß verwechseln. Das ist die Pflanze, die der Beifußambrosie ihren Namen gegeben hat. Man erkennt Blätter des Beifußes allerdings relativ leicht daran, dass ihre Blattunterseiten silbrig-weiß behaart sind, während die Blätter der Ambrosie auch unterseits rein grün sind.

Dr. Matthias Linzbach: In der Schweiz gibt es übrigens seit 2006 eine Verordnung, die Landwirte und Privatleute zur Meldung und Bekämpfung der Ambrosia-Vorkommen verpflichtet. Bei Zuwiderhandlung drohen empfindliche Bußgelder, und die Behörden sind zu Kontrollen auch auf privaten Grundstücken berechtigt. Harte Maßnahmen gegen eine unscheinbare, aber gefährliche Pflanze, deren Pollen schon in geringsten Konzentrationen schwerste Allergien auslösen können: die Ambrosia artemisiifolia.

Sie hörten eine Sendung des deutschen Medizienradios. Das Interview führte Dr. med. Matthias Linzbach.

---

[1] Anmerkung Stand Mai 2014: Im Jahr 2011 ist eine EU-Verordnung in Kraft getreten, die die Verunreinigung von Vogelfutter mit Ambrosia-Samen begrenzt und damit dem weiteren Entstehen von Beständen der Ambrosie an Vogelfutterstellen vorbeugt.

Lösungen Arbeitsheft deutsch.kompetent 8

Sich und andere informieren

Sachtexte analysieren

Seite 4

1. In der Überschrift findet sich eine direkte Leseransprache, daher verfolgt der Text vermutlich einer appellierende, ratgebende Absicht.

Seite 5

2. Der Text verbindet appellierende und informierende Aussageabsichten.
Der Text „Die ersten eigenen Euros – das solltest du beachten" hat eine überwiegend <u>appellierende</u> Funktion. Der Leser wird oft direkt <u>angesprochen</u>, wie zum Beispiel „Würdet ihr …" (Z. 8 f.) oder „Besprecht …" (Z. 13). Die Autorin weist auf Möglichkeiten im Umgang mit dem ersten eigenen Geld hin, gibt Tipps und <u>fordert</u> zu einem bestimmten Verhalten <u>auf</u>. Neben den Ratschlägen enthält der Text aber auch <u>Informationen</u> über gesetzliche Regelungen und nennt <u>Ergebnisse/Fakten</u> aus der Marktforschung über den Verbleib von großen Teilen des Taschengeldes. Damit hat der Text auch eine <u>informierende</u> Funktion.

3. **Kernaussage des Textes:** Psychologen und Familientherapeuten raten Eltern, ihren Kindern möglichst früh Taschengeld zu zahlen, um so einen Lernprozess im Umgang mit Geld zu fördern und eine spätere Verschuldung zu vermeiden.; **Funktion:** argumentierend; **Zielgruppe allgemein:** Leser des Onlineartikels der Zeitung „Die Welt", in dem Fall: besonders Eltern, Jugendliche

Seite 6

4. typische Konjunktionen: damit, aber, denn, wenn … dann, da, weil, obwohl

5. **1. Absatz:** Einleitung, Aufstellung der These; **2. Absatz:** Begründung der These mithilfe von Belegen; **3. Absatz:** Anführen von Argumenten, Beschreibung der Ursachen des Problems; **4. Absatz:** Beispiele, Argumentationsstützen; **5. Absatz:** Lösungsangebot, Entscheidung für die These, Schlussfolgerung, untermauert durch Expertenmeinung

6. abhängig von Schülerbeiträgen, z. B.: Michael Höfling veröffentlichte am 23.02.2008 auf der Internetseite www.welt.de den argumentierenden Sachtext „Taschengeld bereits mit fünf Jahren?". Er setzt sich in dem Text mit dem Verschuldungsproblem bei Jugendlichen auseinander und stellt eine mögliche Lösung zur Diskussion.

Seite 7

7. **Absicht:** Jugendliche Leser informieren; Auffälliges in der sprachlichen Gestaltung, z. B. Wortwahl (Fachbegriffe, Superlative), Sprachstil (sachlich, informierend, gelegentlich umgangssprachliche Wendungen, Herstellung von Zusammenhängen), Syntax (1. Satz: Nachtrag „fälschungssicher" durch Doppelpunkt besonders vom Satz abgehoben), Leseransprache („ihr" – gerichtet an den jugendlichen Leser)

8. abhängig von Schülerbeiträgen; In der Einleitung sollten Autor, Titel, Quelle und Aussageabsicht des Textes genannt werden. Im Hauptteil sollten die Abschnitte zusammengefasst und der gedankliche Aufbau des Textes dargelegt werden. Außerdem sollte deutlich werden, wie die Aussage des Textes durch die sprachliche Gestaltung unterstützt wird. Im Schlussteil soll noch einmal zusammenfassend formuliert werden, wie Inhalt, Aufbau und sprachliche Gestaltung des Textes die Aussageabsicht verdeutlichen.

Ein Referat vorbereiten

Seite 8

1. abhängig von Schülerbeiträgen

2. abhängig von Schülerbeiträgen

3. abhängig von Schülerbeiträgen

Seite 9

4. abhängig von Schülerbeiträgen

Das kannst du jetzt!

Seite 10

1. Definition des Preisbegriffs → Ernte des Rohstoffes und Produktion von Denim (Kosten: 7,50 €) → Nähen der Jeans (Kosten: 10,50 €) → Transport nach Europa (Kosten: 14,00 €) → Werbekampagnen (Kosten: 29,00 €) → Aufschläge durch Einzelhändler und Steuer (Kosten: rund 70,00 €)

Seite 11

2. „In dicken Flocken …" – Vergleich; „Und zwar gehörig." – Ellipse; „Dort wird die Baumwolle …" – Fachbegriff; „Werbekampagnen sollen …" – Leseransprache; „Und Gewinn machen …" – Inversion

3. **Einleitung:** In dem <u>informierenden</u> Sachtext geht Simone Müller der Frage nach, warum eine 70-Euro-Jeans 70 Euro <u>koste</u>. Die Jugendzeitschrift GEOlino, <u>Nr. 36</u>, <u>veröffentlichte in einer Extra-Ausgabe zum Thema Geld 2012</u> diesen Artikel. Die Autorin erklärt am Beispiel der Herstellung eines Produktes die Preisbildung einer Jeans. **Hauptteil:** Einleitend definiert die Autorin im Vortext den Preisbegriff als Gegenwert zu einer erbrachten Leistung, einem Produkt. Mit den rhetorischen Fragen „Was ist das eigentlich, ein Preis?" und „Aber wie berechnet der sich?" weckt sie das Interesse ihrer jugendlichen Leser an ihrem Beitrag. Im ersten Abschnitt informiert sie anschaulich über Herkunftsorte und Ernte des Rohstoffes Baumwolle. Die Adjektive in den Wortgruppen „dicke Flocken" (Z. 1) und „riesige Plantagen" (Z. 2), aber auch das Verb „türmt" (Z. 1) führen den Lesern die Ernte als ein gigantisches Ereignis bildhaft vor Augen. Der Vergleich „wie Berge aus Zuckerwatte" (Z. 1 f.), aber auch die Wiederholung des Adjektivs in der Wortgruppe „von unzähligen Händen unzähliger Feldarbeiter" (Z. 3 f.) unterstützen diese Vorstellung. (…)

4. abhängig von Schülerbeiträgen

Extra: Üben

Seite 12

1. Z. 1–12: informierend, ab Z. 13: argumentierend

2. In dem informierenden Textteil werden vor allem Fakten und Zahlen genannt. In dem argumenierenden Teil wird eine Meinung geäußert, die dann begründet und belegt wird.

3. a) die Eltern geben Geld; b) Jungs bekommen mehr Geld; c) die Eltern machen sich Gedanken, überlegen; d) Spielzeug- und Süßigkeiten-Hersteller verdienen viel Geld dadurch, dass die Kinder so viel davon kaufen; e) die Produkte sind sehr beliebt, werden oft und gern gekauft

Seite 13

4. Die Autorin Claudia Vüllers leitet ihren Text mit der Information ein, wie viele Kinder wöchentlich Taschengeld erhalten. Sie weist im Folgenden darauf hin, dass Jungs mehr Taschengeld bekommen, kann aber nicht erklären, warum das so ist. Sie informiert daraufhin darüber, wie viel Geld Acht- bis Neunjährige und 12- bis 13-Jährige bekommen sollten. Schließlich stellt sie in Frage, dass viele Kinder ihr Geld sparen, und begründet ihre Meinung damit, dass Hersteller von Süßigkeiten und Spielzeug verlockende Angebote für die Kinder bereithalten, weil sie an ihnen verdienen wollen. Sie stützt ihre These dadurch, dass sie darlegt, wofür das meiste Geld der Kinder und Jugendlichen ausgegeben wird.

5. **direkte Rede:** „Interessant ist aber, dass diese Tendenz bei Erwachsenen ebenso zu beobachten ist", findet die Leiterin des Instituts für Jugendforschung, Karin R. Fries, „Männer verdienen gewöhnlich mehr als Frauen in gleichen Positionen."; **indirekte Rede:** Die Leiterin des Instituts für Jugendforschung, Karin R. Fries, findet, dass es interessant sei, diese Tendenz auch bei Erwachsenen zu beobachten. Männer würden in gleichen Positionen gewöhnlich mehr verdienen als Frauen.

6. Fast drei Viertel aller Kinder erhalten wöchentlich Taschengeld von ihren Eltern und geben es schnell wieder aus.

Ein Thema erörtern

Eine Erörterung vorbereiten und gliedern

Seite 15

1. Gewissensgründe/politische Gründe: 1.) will nicht, dass Lebensmittel, die noch in Ordnung sind, weggeworfen werden; findet Logik des Wegschmeißens absurd und untragbar 2.) will keine Zeit mit einer Arbeitsstelle zum Geldverdienen verschwenden, um Zeit und Kraft für politische Projekte zu haben

2. abhängig von Schülerbeiträgen

3. **für das Containern:** In der Wohlstandsgesellschaft werden tonnenweise …; Durch Containern kann man …; Viele Lebensmittel in den Containern …; Wer Lebensmittel …; Supermärkte werfen viele Lebensmittel …
gegen das Containern: Containern kann gesundheitsgefährdend …; Die Supermärkte hätten …; Ich möchte nicht für eine …; Auch der Müll im Supermarkt …

4. Es wird der Standpunkt vertreten, dass Containern positiv und sinnvoll ist. Die Argumentationskette ist steigernd aufgebaut: Sie beginnt mit einer einfachen alltäglichen Beobachtung und endet bei dem komplexen übergeordneten Thema „Wegwerfgesellschaft". Durch die Argumentationskette wird der Zusammenhang hergeleitet. Alles Weitere: abhängig von Schülerbeiträgen.

Seite 16

5. abhängig von Schülerbeiträgen

6. abhängig von Schülerbeiträgen

7. **nicht passende/schlecht verknüpfte Argumente:** Und teilweise … (Verknüpfung); … wenn die Verpackung einen Kratzer hat … (Reihenfolge: müsste früher genannt werden); Und wenn … (Verknüpfung); … das Mindesthaltbarkeitsdatum abgelaufen ist, kann …(Reihenfolge: müsste früher genannt werden); Aber wer macht denn … (passt nicht als Fortführung der bisherigen Argumente für das Containern); … finde ich es total eklig … (widerspricht den bisherigen Argumenten für das Containern)

8. siehe blaue Box auf Seite 14

Eine offizielle E-Mail adressatengerecht schreiben

Seite 17

1. abhängig von Schülerbeiträgen; z. B. Ich halte Tierversuche trotz vielseitiger Kritik für unverzichtbar, denn nur so können neue Medikamente sicher getestet werden und nur so können langfristig Menschenleben gerettet werden. *Oder:*

Ich bin strikt gegen Tierversuche. Auch Tiere sind Lebewesen und wir sollten sie schützen. Zudem braucht man für viele Medikamente heutzutage keine Tierversuche mehr, da es mittlerweile andere Testverfahren gibt.

Seite 18

2. abhängig von Schülerbeiträgen

3. abhängig von Schülerbeiträgen; wichtig hierbei ist, sich in den Adressaten hineinzuversetzen, seine Position und Funktion zu berücksichtigen, zu überlegen, ob ihm die Sachlage bekannt ist und ob er Einfluss auf die Entscheidung nehmen kann, die Haltung, Einstellung und Wertvorstellungen des Adressaten einzubeziehen.

Das kannst du jetzt!

Seite 19

1. abhängig von Schülerbeiträgen

2. abhängig von Schülerbeiträgen

3. abhängig von Schülerbeiträgen

4. abhängig von Schülerbeiträgen

Extra: Üben

Seite 20

1. daher, deshalb, folglich, also, dagegen, aber, außerdem (ist noch zu beachten), wichtig(er) ist noch das Argument …, ein weiterer Gesichtspunkt ist …, allerdings spricht dagegen, noch stärker spricht dagegen, des Weiteren (ist zu bedenken), weitaus wichtiger ist, noch stärker spricht dafür, einerseits … andererseits …, darüber hinaus, aus diesem Grund, schließlich, abgesehen von … ist aber auch …, das ist nicht von der Hand zu weisen, zumal auch, dabei sollte man nicht nur … sondern auch … bedenken, die Folge ist, das sind wichtige Gründe, bedeutsamer aber ist, man erreicht also das Gegenteil, wenn man …, darüber hinaus, zudem, ein weiterer Grund, ein letztes Argument

2. z. B. Alles/Vieles/Manches spricht dafür, dass …; Zusammenfassend kann man sagen, dass …; Aus diesem Grund kann man sagen, dass …; Abschließend kann man sagen, dass …; Abschließend lässt sich festhalten, dass …; Deshalb bin ich der Meinung, dass …; Deshalb bin ich der Ansicht, dass …

3. Auf dem Land gibt es kaum Luftverschmutzung, keinen Smog und weniger Industrieabgase. Aus diesem Grund wachsen Kinder gesünder auf. Zudem ist man umgeben von Natur.; Auf dem Land ist es leichter, Kontakte zu knüpfen, doch auch in der Stadt herrscht nicht nur Anonymität.; Im Krankheitsfall ist Nachbarschaftshilfe auf dem Dorf eine gute Sache. Ist man jedoch ernsthaft krank, findet man in der Stadt die besseren Ärzte, vor allem

Fachärzte. Für das Stadtleben spricht auch die größere Nähe zu einem Krankenhaus.; Besonders Jugendliche können sich in der Stadt besser verwirklichen, da viele Freizeit- und Sportangebote vorhanden sind. Außerdem stehen mehrere verschiedene Schulen zur Wahl.

Seite 21

4. **überflüssige Substantivierungen umgehen:** … In der Stadt gibt es die Möglichkeit des Auswählens verschiedener Schulen. …; **Füllwörter vermeiden:** … Eigentlich gibt es für die Jugend in der Stadt jede Menge toller Angebote, die doch auch quasi und um die Uhr verfügbar sind. …; **keine Schachtelsätze formulieren:** … Obwohl auf dem Land die Luftverschmutzung geringer ist, sind die Leute dort auf ein Auto angewiesen, denn das Netz des öffentlichen Nahverkehrs ist in ländlichen Gegenden nicht so gut ausgebaut, und somit würde jeder zu stärkerer Luftverschmutzung beitragen …; **Aktiv statt Passiv verwenden:** Von den Ärzten in der Stadt wird eine bessere medizinische Versorgung angeboten, auch der Bedarf an Medikamenten wird durch viele Apotheken sicherer abgedeckt …

Zu literarischen Texten schreiben
Eine Inhaltsangabe schreiben

Seite 22

1. abhängig von Schülerbeiträgen

Seite 23

2. **Wer:** eine Frau, ein älterer Mann und ein kleiner Junge; **Was:** Ein älterer Mann führt in seiner Wohnung ein seltsames Schauspiel vor; **Wo:** am Fenster eines gegenüberliegenden Hauses; **Wie:** die Frau ist gelangweilt und sensationsgierig, der Mann ist freundlich, schwerhörig; **Wann:** vermutlich am frühen Abend im Sommer (ist noch hell, Werkstatt war schon geschlossen, Zimmer sind erleuchtet, Knabe soll schlafen); **Warum:** Der Mann führt das Schauspiel einem kleinen Jungen vor, der am gegenüberliegenden Fenster (oberhalb der Frau) in seinem Bettchen steht. Die Frau fühlt sich von dem Verhalten des Mannes zunächst angesprochen, missversteht es aber und fühlt sich derart belästigt, dass sie die Polizei ruft.

Seite 24

3. In der Kurzgeschichte von Ilse Aichinger geht es um eine Frau, die das scheinbar seltsame Schauspiel eines alten Mannes am Fenster gegenüber beobachtet. Sie ist so irritiert, dass sie die Polizei alarmiert. Am Ende stellt sich heraus, dass das Fenstertheater nicht ihr, sondern einem kleinen Jungen galt; Thema der Kurzgeschichte ist die Entstehung eines Missverständnisses aufgrund von Kommunikationsproblemen, Vorurteilen und voreiligen Entscheidungen.

4. von oben nach unten: 4, 6, 2, 8, 5, 3, 7, 9, 10, 1

5. Am gelungensten ist der erste Einleitungssatz, denn er enthält alle nötigen Angaben.

Seite 25

6. abhängig von Schülerbeiträgen; Die Botschaft der Kurzgeschichte könnte lauten: Man soll keine voreiligen Schlüsse ziehen und sich erst ein vollständiges Bild von einer Sache machen, bevor man diese beurteilt.

7. abhängig von Schülerbeiträgen; Die Inhaltsangabe muss in Einleitung, Hauptteil und Schluss gegliedert sein. In der Einleitung sollten Textsorte, Autorin, Titel, Thema und Kernaussage angegeben werden, im Hauptteil wichtige Handlungsschritte dargestellt und im Schlussteil Wirkung, Botschaft und eine Bewertung des Textes formuliert werden.

8. abhängig von Schülerbeiträgen; Es ist auf die Merkmale der Textsorte zu achten.

Erzählende Texte schriftlich interpretieren

Seite 26

1. **Erster Eindruck:** schülerabhängig; **Inhaltsangabe:** z.B. In dem Text „Kleine Fabel" von Franz Kafka geht es um eine verängstigte Maus, die sich darüber beklagt, dass die Welt immer enger wird. Sie läuft geradewegs auf die Falle zu, wird schließlich jedoch nicht von der Falle, sondern von einer Katze gefangen und gefressen.

2. **Erzählform:** Er/Sie-Erzähler, **Erzählperspektive:** Innensicht, **Erzählverhalten:** neutrales Erzählverhalten (Handlung unmittelbar erfahrbar); **Figurenkonstellation:** die Kontrahenten Maus und Katze; Schon von Natur aus gelten Maus und Katze als Feinde, wobei die Katze in der Hierarchie über der Maus steht und ihr überlegen ist.

Seite 27

3. Die Rede der Maus beginnt im Präsens („wird", Z. 1), wechselt dann ins Präteritum („war", Z. 2, „hatte", „lief", „war", Z. 3, „sah", Z. 5) und in der Mitte des Textes zurück ins Präsens („eilen", Z. 5, „bin", „steht", Z. 7, „laufe", „musst", Z. 8).

4. Betrachtet man Kafkas „Kleine Fabel" formal, so lässt sich der Text in drei Abschnitte unterteilen. Diese Abschnitte bestehen jeweils nur aus einem Satz. Besonders auffällig ist der zweite Satz dieser Parabel. Er ist hypotaktisch aufgebaut und besteht aus drei ineinander verschachtelten Nebensätzen, die alle mit „dass ich" beginnen. Sehr kurz sind dagegen der erste und letzte Satz. Diese Dreigliedrigkeit des Textes kann auch inhaltlich begründet werden. So bedauert die Maus im ersten Abschnitt ihre aktuelle Situation, in der die Welt für sie immer enger wird. Im nächsten Abschnitt reflektiert sie sehr dynamisch ihr gesamtes kurzes Leben. Dabei wechselt sie das Tempus. Eine deutliche Zäsur hat dieser Abschnitt in der Mitte des Satzes, wo ein „aber" steht. Im dritten Teil kommt die Katze hinzu. Von der Maus erfährt der Leser nur noch, dass sie gefressen wird.

5. **Was hat es mit dem Richtungswechsel auf sich, den die Katze der Maus vorschlägt?:** Die Katze, die von Natur aus wesentlich größer ist als die Maus, hat einen anderen Blickwinkel und einen besseren Überblick über die Gesamtsituation. So ist es ihr ein Leichtes der Maus zu raten, die Laufrichtung zu ändern. Fast ist die Rede der Katze eine Verlockung, vom „ordentlichen" Weg abzukommen. Sie gaukelt damit der Maus vor, sich für einen anderen Weg entscheiden zu können. **Warum wird die Maus gefressen?:** Die Katze ist für die Maus ein Hindernis. Vor sich die Falle, hinter oder neben sich die Katze, gibt es keinen Ausweg mehr für sie. Der scheinbar gut gemeinte Ratschlag der Katze, wie die Maus der Falle entgehen könne, steht im Widerspruch zu ihrem darauffolgenden Handeln, denn sie selbst setzt dem Leben der Maus ein Ende. Damit wäre die Maus so oder so in einer Falle gelandet. **Deutungshypothese:** Die Maus kann dem vorbestimmten Ende des Lebens nicht entfliehen.

Seite 29

1. abhängig von Schülerbeiträgen; zum Beispiel: Die Väter wirken auf mich selbstherrlich (Zeile 9: „Die [anderen] haben keinen Stress im Job."), abfällig/verächtlich (Zeile 13 f.: „zwischen Besoffenen aus Birmimgham und Leverkusen"), angeberisch (prahlen mit ihren Kindern, Zeile 18–22; „Ich komme auf gut sechzig Stunden, Sie auch?" – „Wenn's wenig ist.", Zeile 35 f.; „Ich versuche, wenigstens jeden zweiten Abend zu Hause zu sein, bevor sie im Bett sind.", Zeile 41 f.). Stellenweise wirken sie aber auch zweifelnd und selbstkritisch (Zeile 24–29; Zeile 39 f.; Zeile 47 f.; Zeile 50 f. und 54–57)

2. **Gestaltungsweise:** Der Text ist durchgängig in der direkten Rede verfasst, ohne Erläuterungen durch einen Erzähler. Die Figuren charakterisieren sich also allein durch ihre Aussagen. **Wirkung:** Der Text wirkt dadurch authentisch, direkt, lebendig. **Gestaltungsweise:** Inhaltlich schließt der Schluss an an den Anfang an durch die Wiederholung von „Italien oder Mallorca!" (Zeile 60; vgl. Zeile 12 „Gotthard" und Zeile 14 „Palma de Mallorca"). **Wirkung:** Der Kreisschluss lässt das bereits geführte Gespräch am Ende nutzlos, ergebnislos wirken. **Gestaltungsweise:** Oft folgt auf eine Aussage eine Aussage mit dem gleichen Inhalt, nur anders formuliert. **Wirkung:** Die beiden Männer wirken austauschbar.

3. Beispiel:

Zeile 1–3	floskelhafte Begrüßung
Zeile 4–17	Keine Lust auf Urlaub im Ausland
Zeile 18–22	Ostererlebnisse mit der Familie zu Hause
Zeile 23–29	Selbstzweifel in Bezug auf Erfüllung der Vaterrolle
Zeile 30–38	Selbstvergewisserung: die eigene Wichtigkeit im Beruf
Zeile 39–46	Versuche, sich der Familie zu widmen
Zeile 47–53	Zweifel am eigenen Karrieredenken
Zeile 54–60	Alternativen
Zeile 61	Resignation

Kernaussage: Um der Familie zu dienen, nimmt man Dinge in Kauf, die ihr schaden.

Seite 30

4. abhängig von Schülerbeiträgen

5. abhängig von Schülerbeiträgen

6. abhängig von Schülerbeiträgen

Das kannst du jetzt!

Seite 31

1. abhängig von Schülerbeiträgen

Extra: Üben

Seite 32

1. Ihr Vater antwortet, dass sie das machen können/könnten. Das Wetter sei gut und er habe Lust, die Tiger zu beobachten.; Ihre Mutter gibt zu bedenken, dass es Sonntag sei, und es im Zoo sehr voll werde.; Anna meint, dass ihr das nichts ausmache.; Der Vater stellt fest, dass es einen leeren Zoo nicht gebe und man sich die Sicht auf die Tiere immer mit anderen Besuchern teilen müsse.

2. Die Sonne lacht. – P; Sie war bleich wie Kreide. – V; Der Tag verabschiedet sich. – P; Warteschlange – M; Er fühlte sich wie das fünfte Rad am Wagen. – V; Wir reiten auf einer Erfolgswelle. – M; Er ist wie ein Fels in der Brandung. – V; Der Wind spielt mit ihren Haaren. – P; Er ist der Kopf der Bande. – M

Seite 33

3. erfährt, entsteht … Eindruck, schildert, auffällig, verstärkt, ableiten, veranschaulicht

4. Dialog, Inversion, Figur, Metapher, Monolog, Präsens, Interpretation, Perspektive, Stimmung

Erzählende Texte untersuchen und deuten
Novellen untersuchen

Seite 35

2. **Ort (Wo?):** Landstraße, auf dem Weg von Seldwyla nach Goldach; **Zeit (Wann?):** an einem kalten Tag im November; **Handlung (Was passiert?):** Ein armer Schneider wandert auf einer Landstraße von Seldwyla nach Goldach.; **Figur (Wer?):** armer Schneider ohne Geld, hungrig; Besitz: Fingerhut; Erscheinung: gepflegt, lange, schwarze Haare und Schnurrbärtchen, regelmäßige Gesichtszüge, dunkelgrauer Radmantel mit schwarzem Samtfutter, polnische Pelzmütze, edles und romantisches Aussehen; Eigenschaften: schüchtern, eitel und stolz (bettelt nicht);
Vorgeschichte (Warum?): Der Schneider hat in Seldwyla seine Arbeit verloren. Deshalb verlässt er den Ort.

3. abhängig von Schülerbeiträgen; z.B. Der Schneider hat seine Arbeit verloren. Damit hat er kein Einkommen mehr. Er ist hungrig, er hat kein Geld. Er verlässt die Stadt, ohne zu wissen, wie es mit ihm weitergehen wird.

4. abhängig von Schülerbeiträgen; z.B. Des Schneiders Erscheinungsbild ist vornehm und edel. Er ist nicht ärmlich gekleidet. Sein Äußeres passt somit nicht zu seiner Mittellosigkeit.

Seite 36

5. abhängig von Schülerbeiträgen; z.B. Man könnte vermuten, dass die Leute in Goldach den armen Schneider für einen reichen Mann halten werden, da er in einer so vornehmen Kutsche vorfährt.

6. abhängig von Schülerbeiträgen; Die Zusammenfassung der Schülerin ist weniger gut gelungen, da sie aus einer Aneinanderreihung von kurzen Hauptsätzen besteht, was sprachlich eintönig wirkt. Eine Überarbeitung muss darauf hinauslaufen, zusammengesetzte Sätze mit passenden Konjunktionen/Scharnierwörtern zu bilden.; **mögliche Scharnierwörter:** als, obwohl, weil, während, damit, aber, außerdem, da, um … zu, schließlich, dass, dann

7. abhängig von Schülerbeiträgen; z.B. Die Entlarvung Wenzel Strapinskis als armer Schneider auf dem Verlobungsfest ist der dramatische Höhepunkt bzw. Wendepunkt der Novelle. Der seitens der Goldacher Bevölkerung zum Grafen erhobene Strapinski fällt damit wieder in tiefe Armut und Mittellosigkeit zurück. Hinzu kommt, dass er auch davon ausgehen muss, seine große Liebe, Nettchen, verloren zu haben, was ihn auch emotional zum gebrochenen Mann macht. Selbst sein Stolz scheint gebrochen, denn er verlässt das Fest ohne seine polnische Pelzmütze.

Die Zeitgestaltung untersuchen

Seite 37

1. abhängig von Schülerbeiträgen

2. Die Handlung der Novelle deckt einen Zeitraum von etwa zwölf Jahren ab.

3. Da man keine zwölf Jahre benötigt, um den Novellentext zu lesen, ist die Erzählzeit wesentlich kürzer als die erzählte Zeitspanne. Somit handelt es sich bei „Kleider machen Leute" um Zeitraffung.

4. **A:** Zeitraffung; Die Zeitangaben verdeutlichen, dass hier wohl ein längerer Zeitraum zusammengefasst wird (vgl. „Mit jedem Tage wandelte er sich …", „Er lernte in Stunden, in Augenblicken, was andere nicht in Jahren …");
B: Zeitdehnung; Der Erzähler dehnt die Darstellung des Geschehens dadurch aus, dass er auf viele Einzelheiten verweist: die Beschreibung des Äußeren, der Hinweis auf den Novellenbeginn, das Verhalten der Zuschauer, die Bewegung der „Erscheinung" zur Musik usw.

Das Erzählverhalten untersuchen

Seite 38

1. Er-Erzähler; auktoriales Erzählverhalten

2. **neutral:** Die Figuren tauschen sich aus. Das Geschehen wird unmittelbar dargestellt.; **auktorial:** Der Erzähler blickt voraus. Der Erzähler kommentiert. Der Erzähler schaut zurück.; **personal:** Das Geschehen wird subjektiv dargestellt. Der Erzähler ist Teil des Geschehens.

Das kannst du jetzt!

Seite 39

1. Der **Konflikt**, in dem sich der Schneider befindet, besteht darin, dass ihn das schlechte Gewissen plagt, da er nicht der ist, für den er gehalten wird. Ihm, dem vermeintlichen Grafen, werden die besten Speisen aufgetragen, dabei ist er nur ein armer Schneider ohne Geld und kann die Bewirtung gar nicht bezahlen. Seine Unsicherheit im Verhalten wird ihm als vornehme Zurückhaltung ausgelegt.; **Wendepunkt:** ab Z. 18 „[…] und als die Pastete mit Rebhühnern erschien, …" bis Z. 21 f. „Es ist jetzt einmal, wie es ist!"; Hat der Schneider sich bisher innerlich gegen die Verwechslung gewehrt, so nimmt er nun die Rolle, die ihm fälschlicherweise zugedacht wird, an.

2. Er-Erzähler; auktoriales Erzählverhalten

3. abhängig von Schülerbeiträgen

Extra: Üben

Seite 40

1. Der Erzähler ist allwissend und hat einen Überblick über die Handlung und das Innere der Figuren.; auktoriales Erzählverhalten

2. Strapinski <u>nahm</u> die Worte seines Gegenübers nur noch als ein Rauschen <u>wahr</u>. Er <u>sank</u> in sich <u>zusammen</u> und <u>fühlte</u> sich immer elender. Die Worte seines Doppelgängers <u>erschienen</u> ihm wie schmerzhafte Nadelstiche. Augenblicklich <u>wurde</u> ihm <u>klar</u>, dass er vor Nettchen und der ganzen Goldacher Gesellschaft bloßgestellt war. Im gleichen Moment <u>begriff</u> er, dass sie ihn so sicher nicht mehr heiraten wollte. Dabei <u>empfand</u> er eine tiefe Trauer und <u>spürte</u> die Tränen in sich aufsteigen. Plötzlich <u>trieb</u> es ihn nur noch fort.; personales Erzählverhalten

Seite 41

3. Mithilfe der indirekten Rede wird das vergangene Geschehen zusammengefasst.

4. Er gesteht, dass er ein armer Schneider sei und kein Graf.; Er versichert, dass er Nettchen nicht verlieren wolle.

5. zuerst, dann, seitdem, zunächst, später, schließlich, danach, nun, daraufhin, früher, jetzt, sofort

Gedichte untersuchen und deuten

Den Zusammenhang von Inhalt, Sprache und Form untersuchen

Seite 42

1. Bei einer Inventur werden Vermögensteile und Schulden eines Unternehmens, z. B. durch Zählen, anlässlich der Erstellung einer Bilanz gegenübergestellt. Auch Personen können eine Bestandsaufnahme ihres Lebens durchführen und dabei klären, welche Dinge, Erlebnisse, Personen ihnen wichtig sind, also als positiv verbucht werden, und worauf man lieber verzichten würde, was also eher negativ erscheint. Eine solche Bestandsaufnahme führt auch der lyrische Sprecher in H. M. Enzensbergers Gedicht „Inventur" durch.

Seite 43

2. z. B. **Vermögenswerte:** fast garantiert echter de Chirico, beste Aussichten, Onkel in Neuseeland, Ara, mehrere Geliebte, Zwillinge, Herz, Rente, Familiengrab, allerhand vor; **Schulden:** Depression, Zwillinge, keine Zeit, nicht alle Tassen im Schrank, mehrere Geliebte, Hühneraugen, Höhenangst, Bedenken, Familiengrab, alles satt; Einige Aspekte können in beide Waagschalen gelegt werden, da es nur darauf ankommt, wie man es betrachtet – das bleibt in der Gedichtaussage offen. Durch die letzte Aussage wiegt die Seite der Schulden schwerer.

3. abhängig von Schülerbeiträgen; z. B. Im Gedicht „Inventur" von H. M. Enzensberger stellt ein lyrischer Sprecher positive und negative Aspekte unterschiedlicher Bedeutung im Leben einer Person, bezeichnet mit „[er]" (V. 1), gegenüber und gibt dessen Haltung dazu an. Da die Aufzählung keinem inhaltlichen Prinzip folgt, werden die einzelnen Aspekte auch nicht in Strophen gegliedert und über einen Reim gebunden. Der Lockerheit des Aufzählens, eine Art Plaudern, entspricht auch die metrische Ungebundenheit und die Tatsache, dass hierfür ein einziger Satz mit vielen unterschiedlichen Teilen verwendet wird. Nur die abschließende Einstellung bekommt einen eigenen, kurzen einfachen Satz, der sich allerdings auf zwei Verse verteilt, wovon aber nur ein Vers eine Einzelstellung und damit mehr Gewicht erhält.

4. Dadurch wird das teilweise interessante und positive Bild, das die anderen Verse des Gedichts ergeben, antithetisch gebrochen und die Gesamtaussage ins Negative gekehrt.

5. z. B. Jeder Satzanfang legt den Schwerpunkt auf einen anderen Aspekt. Bei Variante 1 steht der Sprecher im Mittelpunkt (Er), in Variante 2 verschiebt sich die Aussage auf alle Lebensumstände (Alles) und die Variante im Gedicht betont den Zeitumstand. Durch die gewählte Inversion wird die Antithetik, die durch den letzten Vers des Gedichts aufgebaut wird, relativiert: Nicht immer, sondern „[n]ur manchmal hatte er alles satt" (V. 9–10). Der Leser wird dadurch angeregt nachzudenken, worauf sich das „manchmal" bezieht. Dadurch eröffnen sich Deutungsspielräume, während die anderen Aussagen in sich abgeschlossen sind.

Biografische und historische Aspekte zur Deutung nutzen

Seite 44

1. Das Gedicht erweckt einen ruhigen und bedachten Eindruck, wirkt einfach, sicher und unverrückbar. Es besteht aus 28 Versen in sieben Strophen. Jeder Vers umfasst zwei Hebungen. Das Gedicht folgt keinem durchgängigen Metrum und es enthält keinen Reim.

Seite 45

2. **lyrische Situation:** Bestandsaufnahme des persönlichen Besitzes mit unterschiedlicher Wertung der Besitztümer; **lyrischer Sprecher:** Heimkehrer oder Kriegsgefangener, lyrisches Ich ohne äußere Merkmale – damit ist es übertragbar; **Haltung/Stimmung:** neutral, keine Klagen, souveränes Vorzeigen; **Umgang des Autors mit seinen Erlebnissen:** unmittelbare Darstellung, nahezu emotionslos; **historischer Kontext und biografischer Hintergrund:** Entstehungszeit unmittelbar nach Ende des Zweiten Weltkriegs, als viele Menschen fast alles verloren hatten. Günter Eich war Kriegsgefangener und Heimkehrer – Übereinstimmungen zwischen Autor und lyrischem Sprecher sind möglich.

3. **Kleidung und Pflege:** Mütze, Mantel, Rasierzeug im Beutel aus Leinen, Handtuch, wollene Socken; **Schlafstätte:** Brotbeutel als Kissen, Zeltbahn, Pappe als Matratze; **Nützliches:** Konservenbüchse als Teller und Becher, Nagel als Werkzeug, Notizbuch, Zwirn, Beistiftmine; **Wertvolles:** Nagel, einiges, was ich niemand verrate, Bleistiftmine; **Begründung für die letzte Spalte:** Diese Gegenstände stehen für die Gedanken- und Gefühlswelt des lyrischen Sprechers, mit dem Nagel kann er z. B. seinen Namen einritzen, sich also als Mensch und individuelle Person wahrnehmen, die Bleistiftmine gibt ihm die Möglichkeit, seinen Gedanken, Gefühlen, Hoffnungen, Wünschen und Träumen Ausdruck zu verleihen.

4. abhängig von Schülerbeiträgen; z.B. In dem Gedicht „Inventur" von G. Eich führt ein lyrischer Sprecher eine Bestandsaufnahme durch, indem er seine wichtigen materiellen und geistigen Besitztümer aufzählt und ihnen Funktionen zuordnet. Das besitzanzeigende Pronomen „mein" erhält hierbei eine tragende Rolle, um die persönliche Beziehung zu verdeutlichen, die Kleidung, Gegenstände der Körperpflege, Essgeschirr, „Werkzeug", Unterkunft und Schlafstatt sowie Schreibutensilien besitzen. Hierbei fällt auf, dass der Weg vom Materiellen zum Ideellen führt. Das Gedicht schließt mit einer Art Zusammenfassung, so wird noch einmal je ein Gegenstand zu jedem Bereich genannt und der Weg führt wieder zum Äußeren. Diese Ringstruktur wirkt so, als wolle der Sprecher seine innere Welt wieder verstecken.

5. genug zum Überleben haben; die momentane Lage annehmen; einen Lebenssinn besitzen; sich als „Mensch" wahrnehmen

Seite 46

1. abhängig von Schülerbeiträgen; z.B. Das Gedicht von Ch. Reinig erzeugt eine bedrückende und verstörende Wirkung, hinterlässt ein Gefühl der Mut- und Trostlosigkeit. Das lyrische Ich in diesem Gedicht besitzt nichts, was ihm Halt gibt, ist auf der Suche, wohingegen das lyrische Ich im Gedicht von G. Eich mit den Umständen zurechtkommt und für sich eine erfüllende Tätigkeit, das Dichten, gefunden hat. Somit wirkt das Gedicht „Inventur" positiver.

2. Ein lyrisches Ich formuliert in drei Strophen mit ähnlicher Versanzahl, aber unterschiedlicher Verslänge seine Gedanken über das, was es besitzt. Dabei stehen in der ersten Strophe das Erscheinungsbild und die Verbindung mit dem Welt- und Zeitgeschehen, verdeutlicht durch die Symbole „mantel" (V. 1) und „radio" (V. 3) sowie die Möglichkeit, Halt durch den Glauben zu finden, versinnbildlicht durch die „bibel" (V. 5) im Mittelpunkt. Die zweite Strophe beleuchtet die entspannten positiven sozialen Beziehungen (vgl. V. 8, 10, 12) mit der Familie (vgl. V. 9) und Freunden (vgl. V. 11, 13), während die dritte Strophe Gedanken über Möglichkeiten der Selbstfindung und Wege, die das Leben bereithält (vgl. V. 16–21), beinhaltet. Hierbei beginnen die Verse 1, 3, 5, 7 jeder Strophe mit der Anapher „ich habe", was eine sehr subjektive Sicht und eine unverrückbare Feststellung erzeugt. Dass es sich hierbei um einen Selbstbetrug des lyrischen Ichs handelt, das Dargestellte nur Wunsch oder Schein ist, zeigen die letzten Verse jeder Strophe durch die Wendungen „gar keine" (V. 7, 14) und „nicht mehr" (V. 22), ergänzt durch „niemanden" (V. 15). Somit ist das Gedicht inhaltlich klar strukturiert, der Gedankengang führt immer näher an das Innenleben des lyrischen Ichs, dem nichts als das nackte Leben bleibt, was sich auch durch den Verzicht auf Groß- und Kleinschreibung und damit auf eine Wertung von Worten zeigt. Es fehlt eine reimliche und metrische Gebundenheit, denn eine feste Form würde nicht zur Haltlosigkeit des lyrischen Ichs passen.

3. Mantel – ordentliches Erscheinungsbild; Radio – Verbindung zur Außenwelt/Information; Bibel – Glaube als Quelle der Kraft

4. abhängig von Schülerbeiträgen; z.B. Dadurch, dass das, was fehlt, immer zuletzt genannt wird, wird es betont und erzeugt die negative Stimmung des Gedichts. Letztlich bleibt dem lyrischen Ich nichts anderes als festzustellen, dass es entweder nichts mehr besitzt, um zu leben, denn ein „gras zwischen zwei pflastersteinen" (V. 22) ist nicht viel wert. Oder aber es besitzt nur noch sein Leben und die Hoffnung, für die das Gras mit seiner Farbsymbolik Grün stehen könnte.

5. Nach Ende des Zweiten Weltkriegs befanden sich viele Menschen in einer ähnlichen Stimmungs- und Lebenslage. Besitztümer, Familien, Werte, Normen und auch der Glaube waren oft zerstört, viele plagten sich zudem mit Schuldgefühlen, warum gerade sie überlebt haben, und fragten sich, wie und wozu man weiterleben solle und könne.

Das kannst du jetzt!

Seite 47

1. In diesem Gedicht ist es möglich, auch biografische Fakten in die Deutung einzubeziehen. Dadurch werden die Aussagen aus dem Text verständlicher und tiefgründiger; **biografische Informationen als möglicher Hintergrund der Gedichtaussage:** jüdischer Ursprung der Familie, Flucht vor Verfolgungen, Verlorensein im Exil, Verlust der Heimat, Tod der geliebten Menschen, eingeschränkte Möglichkeiten zu dichten/sich auszudrücken

2. Entstehung möglicherweise in den letzten Lebensjahren in Israel: Die Autorin hat es selbst nicht mehr veröffentlicht, außerdem passt die Stimmung des Gedichts zur Lebenslage der Einsamkeit und Sprachlosigkeit an einem Ort, der zwar ein Ziel war, aber von dem man gerne fliehen möchte.

3. **Gemeinsamkeiten:**
vierzeilige Strophen, schlichter und zum Teil repetitiver Satzbau, wenige/keine Adjektive, reimlose Verse, Wiederholung eines zentralen Wortes;
Entstehungszeit, Thematik, Stimmung
Unterschiede:

Eich	Kaléko
viele Possessivpronomen kein einheitliches Metrum	Substantive ohne Pronomen jeder Vers: Daktylus + 1 weitere Hebung (bzw. 1 Hebung + Anapäst)
lyrisches Ich	lyrisches Ich tritt nicht in Erscheinung
Satzbau variiert manchmal	Satzbau/Versstruktur immer gleich
viele Anaphern	keine Anaphern
Rede wirkt wie gesprochene Rede	Rede wirkt stichwortartig

Extra: Üben

Seite 48

1. Aufzählung von Gegenständen, die sich in einer bestimmten Entfernung, angegeben in Metern, vom lyrischen Sprecher befinden, Entfernungsangaben stichpunktartig am Anfang des ersten Verses jeder Strophe, Gegenstände werden mit dem Zahlwort „ein" als Block angeordnet, nur das „Bett" (V. 7) besitzt einen Artikel, der „Karton" (V. 5) wird durch Angaben zu seinem Inhalt in einem eingeschobenen vollständigen Vers näher beschrieben; Der erste Teil gleicht einem stichpunktartigen Plan des Zimmers.

2. Die Beschreibung wird unübersichtlich, da die klare Struktur nicht mehr vorhanden ist. Die Angaben werden viel umfassender, wofür zusammengesetzte Sätze, auch mit vielen Teilsätzen, verwendet werden. Der Unterschied der Gestaltung der beiden Teile findet seine Begründung darin, dass die im zweiten Teil genannten Gegenstände eine persönliche Bedeutung für den Sprecher besitzen und nicht zur Standardeinrichtung eines Zimmers gehören.

Seite 49

3. abhängig von Schülerbeiträgen

4. abhängig von Schülerbeiträgen

5. abhängig von Schülerbeiträgen

Dramatische Texte untersuchen
Die Funktion der Exposition erkennen

Seite 51

1. **Ort:** Hamburg, Studio eines Musiksenders, eingerichtet wie ein Wohnzimmer; **Zeit:** 2006, tagsüber; **Figuren:** Petra, Maren, Lilly; **Handlung:** Nacheinander betreten drei Mädchen ein Fernsehstudio. Jede von ihnen glaubt, Moderatorin der neuen Musiksendung „Creeps" zu sein. Jedoch wurden alle drei nur zu einem Casting eingeladen.; **Erwartungen der Figuren:** Jede der Mädchen erwartet, die neue und einzige Moderatorin der Musiksendung zu sein und sich gegen alle anderen Konkurrenten bereits durchgesetzt zu haben. Mit der Zusage verbinden sie Erwartungen wie z. B. bekannt werden, viel Geld verdienen, etwas Neues erleben, Anerkennung, Erfolg haben.

2. abhängig von Schülerbeiträgen

3. abhängig von Schülerbeiträgen; Die in der Einleitung beschriebene Studioeinrichtung sollte in der Skizze Berücksichtigung finden.

4. abhängig von Schülerbeiträgen; z. B. Petra betritt das Studio etwas unsicher, denn sie „geht noch mal nach draußen, sieht auf dem Türschild nach". Obwohl sie niemand empfängt, spricht sie in den leeren Raum hinein: „Hallo, ich bin jetzt da!" oder „Ist doch hier wegen Creeps, moderieren und so, oder?" Als Maren kommt, begrüßt sie diese freundlich und reagiert erstaunt auf Marens selbstbewusste Behauptung „Das mach ich." Ein Stimmungsumschwung tritt ein, als die Mädchen erkennen, dass beide für die Sendung Creeps eingeladen wurden. Im Gegensatz zu Petra, die meint „Vielleicht machen wir das ja zusammen oder so. Gibt's ja öfters.", ist Maren angespannt und möchte Aufklärung von der eintretenden Lilly, die sie für eine Mitarbeiterin des Senders hält. Sie spricht sie sofort an: „Guten Tag. Hallo, ich bin Maren Terbuyken, wir haben da gerade ein Problem." Aber Lilly ist auch nur eine Bewerberin um die Moderation. Sie gibt sich überlegen und zeigt Erfahrung, wenn sie sagt „Das hier ist ein

Casting." „Das ist eine Endauswahl." So entsteht zwischen den Mädchen eine Konkurrenzsituation.

Die Entwicklung und den Höhepunkt des Konflikts untersuchen

Seite 53

1. mögliche Textstellen: Z. 19–26, 69–70, 86–87, 88–104

2. **Umstände, die den Konflikt fördern:** Konkurrenzdenken, Sorge, dass die andere besser sein könnte, dass das eigene Können nicht ausreichend präsentiert werden könnte; Lilly macht sich über die Vorbereitungen von Maren und Petra auf den ersten Auftritt lustig; Lilly wartet ungeduldig auf ihren Auftritt und neidet Petra vielleicht das Lob der Regie; Lilly interessiert sich nicht für Marens Präsentation, so fehlen ihr spontan die Fakten für die zweite Aufgabe, das Interview mit Maren; Am deutlichsten wird die Auseinandersetzung zwischen Lilly und Maren.

3. abhängig von Schülerbeiträgen; Arno lenkt nicht sichtbar das Geschehen aus dem Hintergrund, er gibt sich freundlich, ermutigt die Mädchen, ebenso weckt er bei ihnen Hoffnungen, um sie anzuspornen.

4. z. B. **Jugendsprache:** „Okay, hallo, super ...", „fetter Applaus", „Wenn die rote Kanne da leuchtet, ...";
Anglizismen: „it´s all yours ...", „see you", „das ist credibility ...", „ganz easy"; **Fachbegriffe:** „Regie", „Demos", „Maz"; Durch die Wortwahl, den Satzbau und die vielen Anglizismen wirkt Arnos Sprache übertrieben jugendlich.

Seite 54

1. Lilly stellt zunächst sachliche Fragen zu Marens Lebenseinstellung. Sie konfrontiert Maren mit einem Widerspruch zwischen ihren Werten und denen, die sie in der Sendung vertreten soll. Sie sagt, was sie denkt. Sie provoziert Maren mit sehr persönlichen Frage, um sie in die Enge zu treiben und bloßzustellen. Schließlich entsteht der Eindruck, dass Maren für eine Moderation der Sendung nicht geeignet ist.; Petra greift Lillys Fragemodus auf. Lilly beantwortet Petras Fragen nicht, sondern greift sofort in das Interview ein, sie bestimmt das Thema und lehnt das „öde" Interview ab. Sie schlägt vor, das Interview auf Englisch zu machen, wodurch sie Petra bloßstellt, da diese nicht so gut Englisch spricht. Damit manipuliert Lilly Petra. Es gelingt Lilly, durch ihr Verhalten ihre Stärken zu präsentieren. Gleichzeitig sorgt sie dafür, dass Petra und Maren sich über sie ärgern. Sie provoziert die Verschärfung des Konflikts und den darauffolgenden Streit.

2. z. B. selbstbewusst, ruhig, ernsthaft (Z. 8–21) → überrascht, irritiert, hilfesuchend (Z. 22–25) → verunsichert, unruhig, nervös (Z. 27–31) → angespannt, entmutigt (Z. 32–34) → sie verweigert, bricht ab, gibt auf (Z. 37–41)

3. z. B. Maren: „... du verlogenes Miststück, ..."; Lilly: „... Du blöde Fotze, ist das mein Problem, wenn du kaputt bist?" Petra: „Halt die Schnauze! Hau ab! ..."

Das kannst du jetzt!

Seite 55

1. **Petra:** „... dass man mal was erlebt, bevor es losgeht.";
Maren: „Weißt du, was passiert, wenn ich nach Hause komme? Mit meiner Mutter, die allen erzählt hat, dass ich beim Fernsehen bin? Allen?" „... sie hat es geschafft!";
Lilly: „Das hier ist meins, verstehst du?"; abhängig von Schülerbeiträgen

2. Das Geschehen gliedert sich in drei Teile: Vorhaben der Mädchen nach dem Casting; versehentliches Einschalten der Offvoice und die übertragenen Lästereien Arnos über die Mädchen, wobei nur der Spott über Lilly hörbar wird; Reaktion der Mädchen; Die Skizze müsste zeigen, dass die Mädchen zusammen auf der einen Seite und die Offvoice (Arno) auf der anderen Seite stehen.

3. abhängig von Schülerbeiträgen; z. B. Vor allem die Regieanweisungen verdeutlichen die emotionale Situation der Mädchen. Die Konjunktion „oder" als Übergang zum Spott über Lilly lässt ahnen, dass auch Maren und Petra Zielscheibe der Lästerei waren. Da Lilly siegessicher war, trifft sie die Erkenntnis besonders hart, dass sie hier niemand ernst genommen hat, dass dies kein ernsthaftes Casting ist. Die Mädchen sind wie gelähmt und kaum fähig, etwas zu sagen. Zusammen sitzen sie auf dem Sofa. Lilly versucht, mit einer Zigarette gegen die Demütigung anzugehen. Aber sie ist so bestürzt, dass es ihr nicht gelingt, das Feuerzeug in Gang zu setzen. Die anderen beiden verhalten sich solidarisch. Maren bemüht sich durch ihre Hilfsbereitschaft, Lilly Gutes zu tun. Lillys letzter Satz in dem Szenenauszug drückt die Resignation der drei Mädchen aus.

4. abhängig von Schülerbeiträgen; z. B. Es liegt nahe, dass sich die Mädchen, die eben noch Konkurrentinnen waren, gegen Arno verbünden, da sie sich alle ungerecht behandelt fühlen.

Extra: Üben

Seite 57

1. abhängig von Schülerbeiträgen

3. z. B. „Also, machen wir ein bisschen Stunk, okay?" (Also, machen wir ein bisschen Ärger, in Ordnung?); „Das Casting ist gelaufen, klar?" (Das Casting ist zu Ende/vorbei. Hast du das verstanden?); „Du checkst ja richtig was." (Du verstehst das richtig.); „Lass stecken, ja? Die Nummer ist durch, ..." (Sag nichts mehr, das Casting ist beendet.); „..., wir haben die Schnauze voll." (Wir haben keine Lust mehr.); Die hochdeutsche Sprache würde in der Szene hölzern wirken – durch die jugendsprachlichen Ausdrücke wird mehr Emotionalität und Wahrhaftigkeit vermittelt.

4. abhängig von Schülerbeiträgen

5. creep/creeps (engl.): kriechen/widerliche Menschen; Der Titel des Dramas ist vielfältig deutbar, z.B. anzuwenden auf die drei Mädchen, die für einen vermeintlichen Erfolg bereit sind, sich gegenseitig zu schaden; anzuwenden auf Arno, der ein falsches Spiel spielt und sich anbiedert; anzuwenden auf den Titel der Musiksendung, die offenbar nur Oberflächlichkeiten zum Gegenstand hat; generell kann das „Kriechen" als unfaires, unaufrichtiges, auf den eigenen Vorteil bedachtes Verhalten interpretiert werden.

Wortarten und grammatische Formen verwenden

Die Wirkung grammatischer Formen in Texten beurteilen

Seite 58

1. z.B. b) Er segle (Konjunktiv I) nach Hause, damit er nicht in einen Sturm komme (Konjunktiv I).; c) Er würde (Konjunktiv II) nach Hause segeln, wenn er dazu in der Lage wäre (Konjunktiv II).; d) Segle (Imperativ) nach Hause, sobald Wind aufkommt (Indikativ).

2. Der Modus drückt die Einstellung des Sprechers zum Gesagten aus: Will er beispielsweise zu einer Handlung auffordern, verwendet er den Imperativ. Während der Indikativ für Aussagen genutzt wird, von denen der Sprecher überzeugt ist, dient der Konjunktiv I dazu, direkte Rede wiederzugeben. Will man unwirkliche Sachverhalte auszudrücken, gebraucht man den Konjunktiv II.

Seite 59

3. b) Das Präsens drückt in diesem Satz ein zukünftiges Geschehen aus.; c) Das Präsens drückt in diesem Satz ein vergangenes Geschehen aus.; d) Das Präsens drückt in diesem Satz etwas Allgemeingültiges aus.

4. von links nach rechts: Erzählung, Reportage, Gesetzestext

Seite 60

5. […] Trotz dieser schlimmen Lage gelang es dem Steuermann, ein Boot über Bord zu lassen. Wir sprangen alle, elf an der Zahl, hinein und überließen uns der Barmherzigkeit Gottes und dem wilden Meer. Denn obwohl sich der Sturm bedeutend gemindert hatte, gingen die Wogen doch noch furchtbar hoch. Wir sahen klar voraus, dass das Boot in den Wellen untergehen würde. Segel hatten wir nicht. Daher arbeiteten wir uns rudernd nach dem Lande hin. Uns war bewusst, dass das Boot von der Brandung in tausend Stücke zerschlagen werden würde. Gleichwohl ruderten wir mit allen Kräften unserem Verderben entgegen. Wir hatten keine andere Wahl. Nach ungefähr anderthalb Meilen kam eine berghohe Welle gerade auf uns gerollt. Sie traf das Boot mit solcher Gewalt, dass sie es umwarf und uns aus demselben schleuderte. Die Verwirrung meiner Gedanken beim Untersinken ins Wasser ist unbeschreiblich. Noch ehe ich Atem schöpfen konnte, hatte mich die Welle eine ungeheure Strecke nach der Küste hingetragen. Als sie dann ins Meer zurückkehrte, sah ich mich halbtot auf dem fast trockenen Land zurückgeblieben. […];

z.B. Wir sahen den Untergang des Bootes in den Wellen klar voraus; Die Zerschlagung des Bootes von der Brandung in tausend Stücke war uns bewusst; Ihr Treffen des Bootes mit großer Gewalt warf es um und schleuderte uns aus demselben; Noch vor dem Schöpfen von Atem hatte mich die Welle eine ungeheure Strecke nach der Küste hingetragen; Bei ihrer Rückkehr ins Meer sah ich mich halbtot auf dem fast trockenen Land zurückgeblieben.

6. abhängig von Schülerbeiträgen; z.B. Der Verbalstil erscheint hier passender, da manche Wortgruppen im Nominalstil (z.B. „Die Zerschlagung des Bootes von der Brandung in tausend Stücke") kaum verständlich sind und nicht zur Spannung beitragen. Der Verbalstil erhält die Erzählung lebendig.

7. abhängig von Schülerbeiträgen

8. Nominalstil.; § 7 Die Prüfung zum Erwerb des Sporthochseeschifferscheins soll zeigen, ob der Bewerber 1. ausreichende Kenntnisse der maßgebenden schifffahrtsrechtlichen Vorschriften und 2. die erforderlichen navigatorischen und seemännisch-technischen Kenntnisse für das Führen einer Yacht in der weltweiten Fahrt hat. Die Wiederholung einer nicht bestandenen Prüfung oder einer Teilprüfung ist frühestens nach Ablauf von zwei Monaten möglich.

Wissen über Wortarten ordnen

Seite 61

1. In Sydney laufen die Vorbereitungen für den Empfang der jungen Weltumseglerin Jessica Watson auf Hochtouren. Am Sonnabend will die 16-Jährige mit ihrer Jacht „Ella's Pink Lady" vor Hafenkulisse mit Brücke und Opernhaus landen – 210 Tage nach ihrem Start und drei Tage vor ihrem 17. Geburtstag. Ihr Team will 50 000 Menschen mobilisieren. Watson selbst freut sich am meisten auf eine heiße Dusche. Nicht wirklich erstaunlich. Bemerkenswert ist etwas anderes: Als jugendliche Abenteurerin ist Jessica Watson nicht allein. Der 13-jährige Kalifornier Jordan Romero will den Mount Everest bezwingen. Die 14-jährige Niederländerin Laura Dekker kämpft seit Monaten mit allen Tricks […] um die Genehmigung ihres Solo-Segeltörns um die Welt. Junge Rekordjäger sind derzeit ein Phänomen. Forscher zeigen sich aber wenig erstaunt. „Es ist typisch, dass Jugendliche etwas machen, bei dem sie ihre Handschrift sehen", sagt Claus Tully, Professor beim Deutschen Jugendinstitut in München. Die jungen Leute wollten sich sowohl von Älteren als auch von Gleichaltrigen abgrenzen. „Und dafür greifen sie zu unterschiedlichen Mitteln."

2. Wort: auf, **Wortart:** Präposition;
Wort: ihrem, **Wortart:** Possessivpronomen, **Kasus:** Dativ, **Person:** 3. Person, **Numerus:** Singular, **Genus:** maskulinum;
Wort: Menschen, **Wortart:** Substantiv, **Kasus:** Akkusativ, **Numerus:** Plural, **Genus:** maskulinum;
Wort: ist, **Wortart:** Verb, **Person:** 3. Person, **Numerus:** Singular, **Zeitform:** Präsens;
Wort: seit, **Wortart:** Präposition;
Wort: derzeit, **Wortart:** Adverb;
Wort: Jugendliche, **Wortart:** Substantiv, **Kasus:** Nominativ, **Numerus:** Plural, **Genus:** maskulinum/femininum;
Wort: sehen, **Wortart:** Verb, **Person:** 3. Person, **Numerus:** Plural, **Zeitform:** Präsens;
Wort: sowohl, **Wortart:** Konjunktion;
Wort: unterschiedlichen, **Wortart:** Adjektiv, **Kasus:** Dativ, **Numerus:** Plural, **Steigerungsstufe:** Positiv, **Genus:** neutrum

3. Jessica Watson gibt sich bei Windstärke acht äußerst entspannt. Das sei mit „Ella's Pink Lady" keine große Sache, schrieb sie gestern in ihrem Blog – da war sie mitten auf dem Ozean. Während andere 16-Jährige gemeinsam etwas unternehmen und sich im Kino treffen, kämpft sie dort draußen gerne mit Gewitterstürmen, zehn Meter hohen Wellen und Wasser in der Koje.

Das kannst du jetzt!

1./2. abhängig von Schülerbeiträgen, z. B.

Verbalstil	Nominalstil
Heute haben wir uns kaum fortbewegt. Es gab fast keinen Wind.	*Wegen des Ausbleibens von Wind war für uns heute kaum Fortbewegung möglich.*
Auf die Bewölkung am Morgen folgte ein wirklich dicker Nebel. Er zog auf und legte sich wie eine graue, feuchte Decke über die ganze Welt.	Auf die Bewölkung am Morgen folgte ein wirklich dicker Nebel. Das Aufziehen desselben war wie eine graue, feuchte Decke über der ganzen Welt.
Der Nebel war so dick, dass ich kaum 50 Meter weit sehen konnte. Es war ein ziemlich ungewöhnliches Szenario. Eingebettet in absolute Stille, gruselte ich mich fast ein wenig.	*Die Dicke des Nebels führte zu einer Begrenzung der Sichtweite auf etwa 50 Meter. Das ungewöhnliche Szenario von absoluter Stille machte mir fast ein bisschen Angst.*
Ich habe hart gearbeitet, damit meine Fantasie nicht mit mir durchgeht – aber sich gar nicht zu bewegen, erscheint so unwirklich, wenn unter uns hohe, lange Wellen rollen und der Nebel uns völlig einschließt.	Das Durchgehen meiner Fantasie habe ich durch harte Arbeit zu verhindern versucht – aber die Bewegungslosigkeit erscheint unwirklich, angesichts des Rollens der hohen, langen Wellen unter uns und des Nebels um uns.

Der Verbalstil wirkt dynamisch und lebendig und eignet sich somit besser für die Berichterstattung. Der Nominalstil erscheint sehr steif und kann dem Leser die Gefühle, die in dieser Situation auftauchen, kaum vermitteln.

3. abhängig von Schülerbeiträgen; z. B. vgl. Lösung zu Aufgabe 2

Sub-stantiv	Verb	Adjektiv	Adverb	Prono-men	Konjunk-tion
Nebel	gab	unge-wöhn-liches	heute	er	aber
Meter	führte	hohen	fast	uns	wenn

Extra: Üben

1. abhängig von Schülerbeiträgen; Verbformen im Konjunktiv II bzw. Ersatzform mit „würde": klappte/würde klappen, wären, verbrächten, lernten/würden lernen, steuerten/würden steuern, setzten sich zusammen/würden sich zusammensetzen, schöbe, würden

2. Bert erzählt, dass sich das Meer so schnell wie ein Schwimmbecken nach dem Wellenbad-Gong verändert habe: Die Wellen hätten sich immer höher aufgetürmt.; Anita erklärt, dass kleine und leichte Schiffe Stürme besser überständen, weil sie auf den Wellen schwömmen/schwämmen.

3. Akkusativ: auf den Tisch, hinter den Baum, in die Wohnung, neben Jannes, über das Regal, unter den Stuhl, vor die Tür, zwischen die Männer; **Dativ:** auf dem Tisch, hinter dem Baum, in der Wohnung, neben ihm, über dem Regal, unter dem Stuhl, vor der Tür, zwischen ihnen

Satzglieder verwenden und Satzzeichen setzen
Mit Komma und Semikolon Satzstrukturen verdeutlichen

1. b) Infinitivgruppe: Wird die Infinitivgruppe durch *um* eingeleitet, muss ein Komma gesetzt werden.; c) Satzgefüge: Das Komma trennt den Hauptsatz vom Nebensatz.; d) Aufzählung: Wörter und Wortgruppen, die in der Aufzählung nicht mit *und* verbunden sind, werden durch Komma getrennt.

3. b) … spüren, dass … wird, müsste; c) … kommt, dass …; d) … wird, kann … ; e) … Eis, riesige … ; f) … Jahren, sodass …

4. b) Infinitivgruppe mit NS, HS; c) HS, NS; d) NS, HS; e) HS mit Aufzählung; f) HS, NS

5. z. B. a) Der Klimawandel hat bisher in Deutschland geringe Folgen; die geographische Lage ist sehr günstig.; b) Überflutung ist eine Bedrohung für Inseln, wie Kiribati, Fidschi und die Malediven; Helgoland, Sylt und Juist.

Klammern, Gedankenstrich und Doppelpunkt verwenden

Seite 68

1. … Hamburg (und … Großstädten) hat … verändert. Gründe … Bebauung, starke Bodenversiegelung, geringe … Wärmeinseleffekt; der … Umland (z. B. … Grambek) beträgt … 1,1 °C – ein Wert, der … ist, obwohl … umfasst – dies zeigt: Vor allem … Wärmeinseleffektes.

2. b) falsch; c) falsch; d) richtig

Attribute und Adverbialbestimmungen verwenden

Seite 69

1. a) **Umstellungen:** Systematische Klimaveränderungen zeigen Wetterbeobachtungen seit Beginn der Messungen; **Satzglieder:** Wetterbeobachtungen = Subjekt, zeigen = Prädikat, systematische Klimaveränderungen = Akkusativ-Objekt, seit Beginn der Messungen = temporale Adv.-bestimmung; b) **Umstellungen:** Deutlich erkennt man einen zunehmenden Anstieg der Temperatur.; Einen zunehmenden Anstieg der Temperatur erkennt man deutlich.; **Satzglieder:** Man = Subjekt, erkennt = Prädikat, deutlich = modale Adv.-bestimmung, einen zunehmenden Anstieg der Temperatur = Akkusativ-Objekt; c) **Umstellungen:** Eine geringere Erwärmung im Sommer und eine stärkere Erwärmung im Winter belegen bisher die Auswertungen; Bisher belegen die Auswertungen eine geringere Erwärmung im Sommer und eine stärkere Erwärmung im Winter; **Satzglieder:** Die Auswertungen = Subjekt, belegen = Prädikat, bisher = temporale Adv.-bestimmung, eine geringere Erwärmung im Sommer und eine stärkere Erwärmung im Winter = Akkusativ-Objekt

2. vgl. Lösung zu Aufgabe 1

3. a) systematische, der Messungen; b) zunehmenden, der Temperatur; c) geringere, im Sommer, stärkere, im Winter

4. z. B. Durch die veränderte Landnutzung verstärkt der Mensch den Treibhauseffekt. Aufgrund von großflächigen Rodungen nimmt der immer kleiner werdende Wald weniger gefährliches CO₂ auf.; Der unwissende Mensch verändert so das Klima. Sein unmittelbarer Einfluss auf seine Umwelt wächst seit Mitte des 19. Jh. unaufhörlich.

Das kannst du jetzt!

Seite 71

1. … hinzu, durch den … wird. Seit … Erwärmung, die … ist. Ursache … ist, dass … ist; hierbei … zu, denn … Energieträger.

2. b) hauptsächlich: modale Adverbialbestimmung; c) seit Beginn der Industrialisierung: temporale Adverbialbestimmung (der Industrialisierung: Attribut zu Beginn); d) größte: Attribut zu Bedeutung; e) aufgrund der Verbrennung fossiler Energieträger: kausale Adverbialbestimmung

3. von oben nach unten: z. B. Klammern, Gedankenstrich, Klammern, Nebensatz, Klammern inklusive Gedankenstrich

Extra: Üben

Seite 72

1. Durch Sonneneinstrahlung und Wind verdampft das Wasser auf der Erde und steigt dann in ganz kleinen Tröpfchen, die das bloße Auge nicht erkennen kann, in die höheren Schichten der Atmosphäre auf. Da es in diesen Schichten immer kälter wird, kühlt der Wasserdampf umso mehr ab, je höher er in die Luft steigt. Die Wassertröpfchen, die vorher fein verteilt waren, schließen sich nun zu größeren Tropfen zusammen. Nach und nach entstehen sichtbare Wolken. Schließlich werden die Wassertropfen so groß und schwer, dass sie wieder absinken.

2. z. B. b) Bei der Abkühlung der Luft kommt es zur Kondensation – das heißt, aus Wasserdampf werden Wassertröpfchen.; c) Kühle Luft – die eine größere Dichte als warme Luft hat – sinkt nach unten, daher entsteht Nebel zuerst in Tälern.; d) Bei starker Luftverschmutzung kann zusätzlich zum Nebel auch Smog (eine Mischung aus Nebel, Rauch, Ruß- und anderen Partikeln) entstehen.

Seite 73

3. **Adjektivattribute:** größeren, starke, niedrigen, wärmeren, kalten, kleine, tiefere, neues, mehrmaligem, winzigen, schwere, gesamte; **Genitivattribute:** der Körner, dieses Vorgangs; **Präpositionale Attribute:** aus Wasser, aus Eis, in den Wolken; **Relativsätze:** …, die kälter sind, …; …, der mitunter gewaltig sein kann, …

Regeln und Verfahren der Rechtschreibung anwenden

Eigennamen und Ableitungen von Eigennamen richtig schreiben

Seite 74

1. Straßburger Sehenswürdigkeiten, elsässische Straßburg, schönsten Städte, Straßburger Münster, historische Altstadt, Straßburger Kathedrale, elsässischen Metropole, malerischen Fachwerkhäuser, sehenswerte Gebäude, französischen Stadt, Europäische Gerichtshof für Menschenrechte, städtische Zentrum, Alten Universität, deutschen Bildhauer, Wilhelminischen Zeitalter

deutsch.kompetent

Arbeitsheft

8

Erarbeitet von:

Martina Blatt
Matthias Bode
Christel Ellerich
Melanie Grimm
Susanne Jugl-Sperhake
Rosemarie Lange
Elisabeth Schuchart
Barbara Schugk
Andreas Zdrallek

Ernst Klett Verlag
Stuttgart · Leipzig

So funktioniert der deutsch.kompetent-Code auf www.klett.de

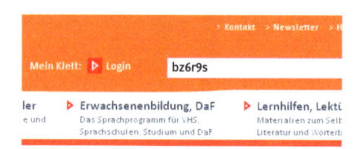 Der Code führt dich zu weiteren Materialien, wie zum Beispiel Hörtexten und Arbeitsblättern. Geh auf **www.klett.de/online**. Gib dort den Code in der Suchleiste ein, zum Beispiel **bz6r9s**.

🌐 **Hörtext**
Beifußblättrige Ambrosie
bz6r9s

Differenzierung

○ leicht
◐ mittel
● schwer

1. Auflage

1⁶ 5 4 3 | 20 19 18 17

Alle Drucke dieser Auflage sind unverändert und können im Unterricht nebeneinander verwendet werden. Die letzte Zahl bezeichnet das Jahr des Druckes.

Autoren: Martina Blatt, Frankfurt am Main; Matthias Bode, Düren; Christel Ellerich, Stolberg; Melanie Grimm, Achern; Susanne Jugl-Sperhake, Lippersdorf; Rosemarie Lange, Ruttersdorf; Claudia Lübeck, Isny; Elisabeth Schuchart, Leipzig; Barbara Schugk, Rade; Andreas Zdrallek, Leverkusen

Redaktion: Sabine Franke, Leipzig; Ulrike Wünschirs, Leipzig
Redaktionsassistenz: Heike Etzold
Herstellung: Sylvia Kusch

Umschlag und Layoutkonzeption: Petra Michel, Gestaltung und Typografie, Essen
Illustrationen: Axel Fahl, Reichelsheim; Pe Grigo, Bielefeld
Satz: tiff.any, Berlin
Reproduktion: Meyle + Müller GmbH + Co. KG, Pforzheim
Druck: Gebr. Geiselberger GmbH, Altötting

Printed in Germany
ISBN 978-3-12-316038-7

Inhalt

Sich und andere informieren

Sachtexte analysieren

Schülerbuch S. 12 f. ■ Sachtexte

Sachtexte unterscheiden sich in ihrer **Aussageabsicht**. Sie können **informieren**, **argumentieren** oder **appellieren**. Oft werden diese Funktionen auch miteinander verbunden.

Um einen Sachtext zu analysieren, **erschließt** du ihn zunächst mithilfe der Fünf-Gang-Lesemethode und fasst die **Kernaussage** zusammen. Du untersuchst, welche **Absicht** mit dem Text verfolgt wird und durch welche **sprachlichen Mittel** (Wortwahl, Syntax, Leseransprache, rhetorische Fragen) sie zum Ausdruck kommt.

Eine schriftliche **Sachtextanalyse** gliedert sich in **Einleitung** (Autor, Titel, Thema, Quelle, Funktion und Kernaussage), **Hauptteil** (<u>Was</u> wird mit <u>welcher</u> Absicht <u>wie</u> vermittelt?) und **Schluss** (Zusammenfassung, wie die Aussageabsicht durch Inhalt, Aufbau und sprachliche Gestaltung umgesetzt wird). Du schreibst **sachlich** und im **Präsens**. Achte auf die Verwendung des **Konjunktivs** bei der Wiedergabe der Autorenposition.

1. Lies die Überschrift zu dem folgenden Text und stelle eine Vermutung an, welche Aussageabsicht der Text haben könnte.

_____

_____

nach Sina Löschke: Die ersten eigenen Euros – das solltest du beachten

Wer zum ersten Mal eigenes Geld in der Hand hält, dem schießen gleich tausend Gedanken durch den Kopf: Was mache ich damit? Alles ins Sparschwein? Oder doch gleich ein Eis holen? Was darf ich überhaupt kaufen und wie teile ich mir das Geld ein? Schwierige Fragen. Und einige sind in Deutschland sogar
5 per Gesetz geregelt! Im Grundsatz gilt: Minderjährige, also Mädchen und Jungen unter 18 Jahren, müssen vor einer Anschaffung ihre Eltern fragen. Nicht gerade für jede Zeitschrift oder CD, aber vor größeren Ausgaben auf jeden Fall. Würdet ihr beispielsweise ohne Erlaubnis ein neues
10 Fahrrad oder ein Fernsehgerät kaufen und euren Eltern passt das nicht, dürften sie die Ware zurückbringen und den Kauf rückgängig machen. Noch ein Tipp: Besprecht mit euren Eltern, für welche Kosten sie aufkommen. Schul-
15 hefte, Kleidung oder die Busfahrt zum Schwimmtraining sollten nicht vom Taschen- geld bezahlt werden. Das ist allein für eure Wünsche reserviert. Wie diese Wünsche aussehen, haben Markt-
20 forscher herausgefunden. Rund elf Euro geben junge Handybesitzer pro Monat für

ihr Mobiltelefon aus. Das meiste Taschengeld aber geht für Eis, Schokolade und Zeitschriften drauf. Sein Geld nicht gleich auszugeben, erfordert einen starken Willen. Der lässt sich übrigens trainieren – etwa mit einer Wunschliste. Schreibt eure größten Wünsche auf und notiert, was sie kosten. An-
25 schließend überlegt ihr, wie viel Geld ihr jede Woche dafür beiseite legen wollt. Jedes Mal, wenn ihr Taschengeld bekommt, steckt ihr dieses Geld sofort in die Sparbüchse. Ist die Summe auf 20 oder 50 Euro angewachsen, könnt ihr euer Geld auch zur Bank oder Sparkasse bringen und dort gemeinsam mit euren Eltern ein eigenes Sparbuch oder ein Jugendgirokonto eröffnen.

2. Lies den Text „Die ersten eigenen Euros – das solltest du beachten" und überprüfe deine erste Überlegung zur Aussageabsicht (Aufgabe 1). Vervollständige den folgenden Lückentext.

Der Text „Die ersten eigenen Euros – das solltest du beachten" hat eine überwiegend

_____ Funktion. Der Leser wird oft direkt _____, wie zum

Beispiel „Würdet ihr …" (Z. 8 f.) oder „Besprecht …" (Z. 13). Die Autorin weist auf Möglichkeiten

im Umgang mit dem ersten eigenen Geld hin, gibt Tipps und _____ zu einem

bestimmten Verhalten _____ .

Neben den Ratschlägen enthält der Text aber auch _____ über gesetzliche

Regelungen und nennt _____ aus der Marktforschung über den Verbleib von großen

Teilen des Taschengeldes. Damit hat der Text auch eine _____ Funktion.

3. Lies den folgenden Text „Taschengeld bereits mit fünf Jahren?" und erschließe ihn mit der Fünf-Gang-Lesemethode. Fasse die Kernaussage zusammen. Formuliere Aussagen zu Funktion, Absicht und Zielgruppe des Textes.

_____

_____

_____

_____

_____

_____

_____

_____

_____

_____

_____

_____

_____

nach Michael Höfling: Taschengeld bereits mit fünf Jahren?

Eine rechtliche Verpflichtung, seinem Nachwuchs Taschengeld zu zahlen, gibt es nicht. „Damit das Kind einen verantwortungsvollen Umgang mit dem Geld möglichst früh erlernt, ist es aber sehr wichtig, dass es frei über eigenes Geld
5 verfügen kann", sagt Andreas Kopp, Psychologe und Familientherapeut bei der Caritas.

Denn wie wichtig dieser verantwortungsvolle Umgang ist, belegen Zahlen: Zehn Prozent aller 20- bis 24-Jährigen, die in Deutschland leben, haben Verschuldungsprobleme und
10 sind mit negativem Eintrag bei der Kreditschutzgemeinschaft Schufa* vermerkt. Viele können sich später aus dieser „Schuldenfalle" nicht aus eigener Kraft befreien.

Diese dramatische Entwicklung ist zu einem großen Teil auf gesellschaftliche Veränderungen zurückzuführen. „Es ist
15 heute eben viel leichter, Geld auszugeben, als früher", sagt Kopp. Die Fehler, die beim Erlernen des Umgangs mit Geld zwingend gemacht würden, nähmen heute teilweise drastische Dimensionen an. „Wenn ich in meiner Kindheit mal 50 Mark für Unsinn ausgegeben habe, dann war das ärger-
20 lich, aber überschaubar."

Heute bescherten gerade das Handy und das Internet mit ihren vielfältigen Gefahren vielen Familien schwerwiegende finanzielle Probleme, da unerfahrene Nutzer abgezockt werden. „Da trudeln plötzlich Rechnungen über vierstellige
25 Beträge ein, und die Eltern fallen aus allen Wolken", sagt Kopp. Kontrolle ist schwer möglich, weil fast alle Eltern mit ihren technischen Fähigkeiten ihren Sprösslingen in weitem Abstand hinterherhinken.

Damit es zu solchen Auswüchsen gar nicht erst kommt,
30 sollten Kinder schon ab fünf Jahren Taschengeld erhalten. „Obwohl das zwar nicht garantiert, dass sie als Jugendliche nicht auch mal Fehler machen, sinkt aber dafür durch den rechtzeitigen Umgang mit frei verfügbarem Geld die Anfälligkeit enorm", sagt Jörg Lampmann, Leiter einer Erzie-
35 hungsberatungsstelle in Hamburg.

1. _____

2. Begründung der These

3. _____

4. _____

5. Lösungsangebot, Entscheidung für
    die These

Quelle: www.welt.de, 23.02.2008

* SCHUFA steht für Schutzgemeinschaft für allgemeine Kreditsicherung

4. Suche in dem Text „Taschengeld bereits mit fünf Jahren?" Konjunktionen, die für das Einleiten von Argumenten typisch sind, und unterstreiche sie.

5. Notiere am Rand den Absätzen folgend in Stichworten den gedanklichen Aufbau des Textes. Orientiere dich an den Beispielen.

6. Schreibe zu dem Text „Taschengeld bereits mit fünf Jahren?" eine Einleitung für eine Sachtextanalyse. Arbeite im Heft.

Nach Heiko Kammerhoff: Die Geldmacher

Geldscheine müssen vor allem eines sein: fälschungssicher. Daher werden bei ihrer Herstellung größte Mühen unternommen und kleinste Kleinigkeiten beachtet. Die Münchener Firma Giesecke &

5 Devrient fertigt in ihrer Hochsicherheitsdruckerei Banknoten für über 80 Länder. Uns interessiert, wie zum Beispiel ein 50-Euro-Schein hergestellt wird. Wir nennen Banknoten zwar „Papiergeld", tatsächlich jedoch sind sie aus Baumwolle gefertigt – wie

10 T-Shirts oder Jeans! Das besondere Baumwoll-Papier ist sehr reißfest. Und vor allem löst es sich nicht gleich auf, wenn die Scheine feucht werden oder sogar in der Waschmaschine landen. Schon bei seiner Herstellung versehen die Geldmacher das Geld mit den ersten Fälscher-Fallen: Sie weben metallische Sicherheitsstreifen direkt in das Papier ein, die vorher aus einer großen Folie geschnitten wurden. Außerdem wird das Wasserzeichen in den Stoff geprägt. Hält man den Schein ins Licht,

15 zeichnet sich das Motiv allein deshalb ab, weil dickere Stellen im Papier dunkler und dünnere hell erscheinen. Unter UV-Licht leuchten nur bestimmte Elemente des Scheins auf. Viele Ladenkassen haben so ein UV-Prüfgerät.

Nun kommt Farbe ins Spiel. Die Scheine erhalten in großen Maschinen ihren ersten Anstrich. Eine ganz besondere Technik ermöglicht es, auf beiden Seiten des Scheins gleichzeitig zu drucken – das

20 gibt es nur bei Banknoten. Durch dieses Verfahren entsteht das passgenaue Durchsichtsregister, das bei jedem Euro-Schein auf der Vorderseite links oben zu sehen ist: Scheinbar sinnlose Kringel fügen sich im Gegenlicht zu einer ganzen Zahl zusammen – dem Wert des Scheins. Rechts unten auf dem Schein findet sich ein kleines Hologramm, eine Art Klebefolie. Es ist so fest mit dem Stoff verbunden, dass ein Abziehen unmöglich ist.

25 Mit den Fingerkuppen sind Höhen und Tiefen auf der Banknote zu erspüren. Diese feinen Reliefs werden im Stichtiefdruck auf den Schein gebracht. Die Druckplatten werden zunächst ganz fein graviert. Anschließend drücken sie eine ölige Farbmasse auf die Scheine. Dabei verformt sich das Papier ein bisschen und die fühlbare unebene Struktur entsteht. Schließlich trocknen die Scheine für zwei Tage im Tresor.

30 Eine aufgedruckte Seriennummer macht jeden Schein zu einem Einzelstück, als das er – als einer von 40 – aus einem großen Bogen geschnitten wird. Sollte bei der Kontrolle der Scheine eine fehlerhafte Banknote gefunden werden, kommt sie in den Schredder. Außerdem wird von jeder Banknote ein Beweisfoto gemacht.

All das geschieht in einem rasenden Tempo: 120.000 Scheine sausen pro Stunde durch die Maschine.

Quelle: GEOlino extra, Geld, Nr. 36, 10/2012

---

7. Erschließe den Text „Die Geldmacher" mithilfe der Fünf-Gang-Lesemethode. Untersuche die sprachliche Gestaltung und bestimme die Absicht, die der Autor verfolgt.

....

....

....

....

....

8. 📖 Verfasse eine Sachtextanalyse zu dem Text „Die Geldmacher". Arbeite im Heft.

◔ Ein Referat vorbereiten

Schülerbuch S. 18 ff. ■ Referat

 Um ein Referat vorzubereiten, recherchierst du zunächst zu deinem Thema **geeignete Materialien** und wertest sie aus. Dann entwirfst du die **Gliederung**. Mit der **Einleitung** sollte die Aufmerksamkeit deines Publikums geweckt werden. Achte bei dem **Hauptteil** auf einen roten Faden und passende Überleitungen. Am **Schluss** fasst du das Gesagte noch einmal zusammen und kannst auch deine eigene Meinung vorbringen. Schreibe einen **Stichwortzettel** und suche nach **Visualisierungen** für dein Referat.

Auf ein **Handout** zu deinem Referat gehören dein Name, das Thema, Datum und Quellenangaben sowie die wichtigsten Informationen und Definitionen, eventuell auch Grafiken.

Achte auf eine **übersichtliche Gestaltung** des Handouts, damit der Inhalt auch nach längerer Zeit noch verständlich und nachvollziehbar ist.

1. Ergänze die Mindmap zum Thema „Geld" durch eigene Überlegungen.

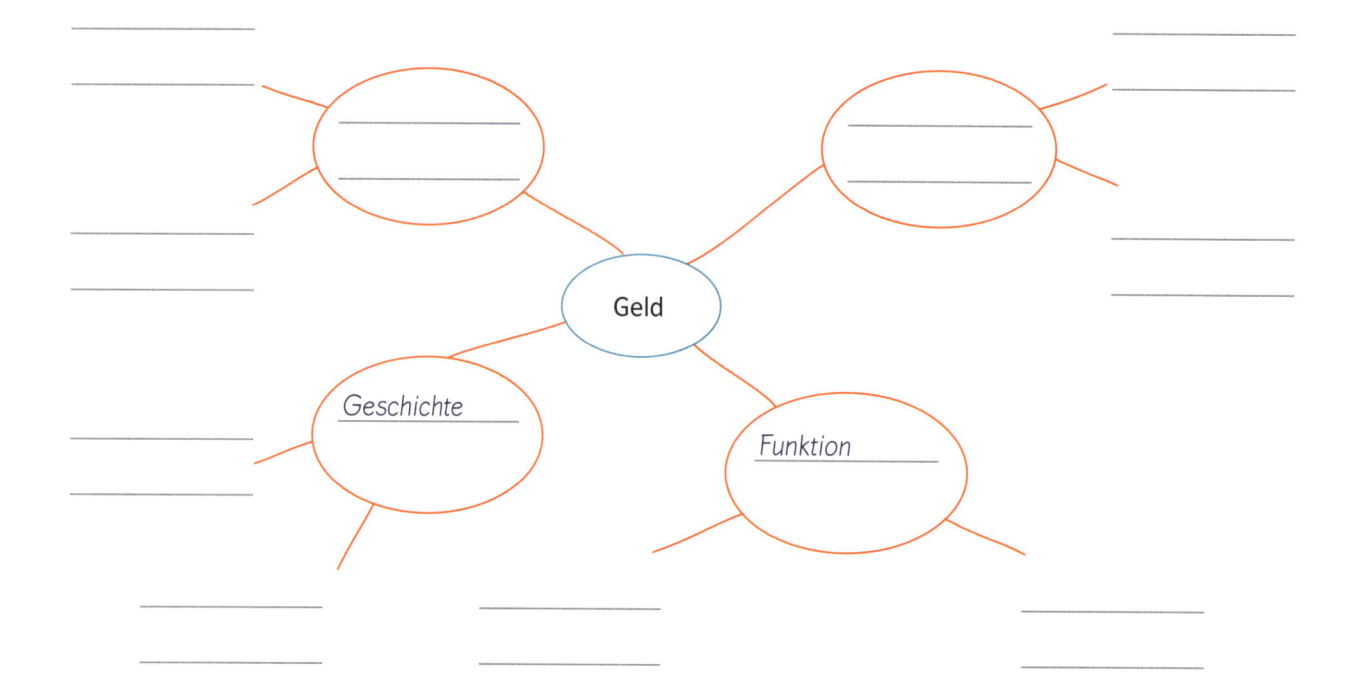

2. Entwickle mithilfe deiner Mindmap aus Aufgabe 1 mögliche Fragestellungen für ein Referat und schreibe sie auf.

_____

_____

_____

_____

_____

3.  Erstelle eine Gliederung für ein Referat zum Thema „Die Geldmacher". Nutze dazu den Text auf Seite 7. Recherchiere eigenständig zusätzliches Material zur Herstellung von Münzen. Arbeite im Heft.

4. Ergänze deine Gliederung aus Aufgabe 3 durch weitere Recherchen zu dem folgenden begonnenen Handout. Vervollständige das Handout für ein Referat zum Thema „Die Geldmacher".

Handout „Die Geldmacher"

Von: _____   **Datum:** _____

Thema: _____

Verwendete Quellen: *GEOlino extra Geld Nr. 36,* _____

_____

Geld = allgemein anerkanntes Tauschmittel mit einem Wert; europäische Währung = Euro

(€ = griechischer Buchstabe Epsilon, der zweite Querstrich soll wie beim $ ein Markenzeichen sein)

1. Das Aussehen der Euroscheine und Münzen

1.1. Euroscheine (Beispiel 50 €)

– Gelddesigner entwerfen Motive _____

– Vorderseite: _____

– Rückseite: _____

1.2. Euromünzen (Beispiel _____)

– Vorderseite: _____

– Rückseite: _____

2. Herstellung

2.1. Beispiel 50-€-Schein

_____

_____

2.2. Beispiel _____ -Münze

_____

_____

3. Sicherheitsmerkmale

– zum Schutz vor Fälschungen _____

– Scheine: _____

_____

_____

– Münzen: _____

_____

_____

Das kannst du jetzt! ☆

⊕ Training
interaktiv
Informieren
5nz4xn

nach Simone Müller: Warum eine 70-Euro-Jeans 70 Euro kostet

Was ist das eigentlich, ein Preis? Streng genommen nicht mehr als der Geldgegenwert, den eine Dienstleistung – wie Haare schneiden – oder ein Gegenstand – etwa eine Hose – besitzt. Aber wie berechnet der sich? Wir erklären am Beispiel einer Jeans, wie so ein Preis „entsteht".

In dicken Flocken türmt sich die Baumwolle auf den Traktoranhängern, wie Berge aus Zuckerwatte. Auf riesigen Plantagen, etwa in Indien, Afrika oder Nordamerika, wird der Rohstoff gepflückt – manchmal mit Maschinen, meistens jedoch von unzähligen Händen unzähliger Feldarbeiter. Die Ernte wird am Weltmarkt gehandelt, an den Baumwollbörsen. Dort kaufen auch

5 die größten Textil-Hersteller den Rohstoff für ihre Jeans und verschiffen ihn nach Bangladesch, China oder in die Türkei, wo die Baumwolle in Fabriken gefärbt, zu einem Faden versponnen und schließlich zu Denim verwebt wird.

Die Jeans kostet nun: 7,50 Euro.

Der Stoff landet daraufhin in einer benachbarten Näherei. In einer typischen chinesischen Textil-

10 fabrik setzen die Arbeiter die einzelnen, vorgeschnittenen Teile der Jeans zusammen wie ein großes, blaues Puzzle. Nur 25 Cent bis 1 Euro verdient ein chinesischer Arbeiter durch das Nähen einer Hose.

Die Jeans kostet nun: etwa 10,50 Euro inklusive 3 Euro für Reißverschlüsse, Nieten und Knöpfe. Wie gigantische Bauklötze stapeln sich am Hafen von Hongkong die Container. Jeder von ihnen

15 wird mit rund 20.000 fertigen Hosen vollgestopft und verschifft, etwa nach Hamburg. Dann landen die Hosen schließlich in den deutschen Geschäften.

Die Jeans kostet nun: 14 Euro inklusive 3,50 Euro für Zölle und Versicherungskosten.
Eine Jeans verkauft sich meistens dann am besten, wenn wir sie am Po eines Popstars sehen oder die langen Beine eines Top-Models darin stecken. Solche Werbekampagnen sollen dafür sorgen,

20 dass wir uns „in" fühlen, wenn auch wir diese Hose tragen. Die teure Werbung legen die Markenhersteller auf den Kaufpreis um. Und zwar gehörig – mit 20 % des Ladenpreises.

Die Jeans kostet nun: 29 Euro.
Dafür hat der Einzelhändler unsere Jeans beim Markenunternehmen gekauft.

25 Ladenmiete, Gehälter der Verkäufer, Strom, Schaufensterdeko – für all das muss er zudem zahlen. Und Gewinn machen will er natürlich auch. Läuft das Geschäft gut, kann der Ladenbesitzer seinen Einkaufs-

30 preis von 29 Euro verdoppeln. Unsere 70-Euro-Jeans würde dann beispielsweise bei etwa 58 Euro liegen. Darauf muss der Einzelhändler nun noch 19 % Umsatz-steuer, ca. 11 Euro, aufschlagen. Umsatz-

35 steuer und der Anteil des Einzelhändlers machen damit zusammen 60 % des Jeans-Preises aus.

Endkosten: 70 Euro.

Quelle: GEOlino extra, Geld, Nr. 36, 10/2012

1. 🗒 Lies den Text über die Herstellung und die Preisentstehung einer Jeans. Skizziere die gedankliche Struktur in einem Flussdiagramm. Arbeite im Heft.

2. Die sprachliche Gestaltung eines Textes unterstützt seine Absicht. Ordne die folgenden sprachlichen Gestaltungsmittel den Textauszügen zu. Orientiere dich an dem Beispiel.

„Was ist das eigentlich, ein Preis?"

„In dicken Flocken türmt sich die Baumwolle auf den Traktoranhängern, wie Berge aus Zuckerwatte."

„Und zwar gehörig."

„Dort wird die Baumwolle gefärbt, versponnen und schließlich zu Denim verwebt."

„Werbekampagnen sollen dafür sorgen, dass wir uns „in" fühlen, wenn auch wir diese Hose tragen."

„Und Gewinn machen will er natürlich auch."

Ellipse

Rhetorische Frage

Vergleich

Leseransprache

Inversion

Fachbegriff

3. Lies die begonnene Sachtextanalyse einer Schülerin. Prüfe die Einleitung auf inhaltliche Vollständigkeit sowie den Hauptteil auf die korrekte sprachliche Verwendung von Tempus, Modus und Zitat. Markiere fehlerhafte Stellen und überarbeite den Text.

> *Einleitung:* In dem Sachtext geht Simone Müller der Frage nach, warum eine 70-Euro-Jeans 70 Euro kostet. Die Jugendzeitschrift GEOlino veröffentlicht diesen Artikel. Die Autorin erklärt am Beispiel der Herstellung eines Produktes die Preisbildung einer Jeans.
> *Hauptteil:* Einleitend definiert die Autorin im Vortext den Preisbegriff als Gegenwert zu einer erbrachten Leistung, einem Produkt. Mit den rhetorischen Fragen „Was ist das eigentlich, ein Preis?" und „aber wie berechnet der sich?" weckte sie das Interesse ihrer jugendlichen Leser an ihrem Beitrag.
> Im ersten Abschnitt informierte sie anschaulich über Herkunftsorte und Ernte des Rohstoffes Baumwolle. Die Adjektive in den Wortgruppen „dicke Flocken" und „riesige Plantagen", aber auch das Verb „türmt" führen den Lesern die Ernte als ein gigantisches Ereignis bildhaft vor Augen. Der Vergleich wie Berge aus Zuckerwatte, aber auch die Wiederholung des Adjektivs in der Wortgruppe von unzähligen Händen unzähliger Feldarbeiter unterstützen diese Vorstellung. (...)

_____

_____

_____

_____

_____

_____

_____

4. Schreibe eine Sachtextanalyse zu dem Text „Warum eine 70-Euro-Jeans 70 Euro kostet". Du kannst die Vorarbeiten aus Aufgabe 3 nutzen. Arbeite im Heft.

EXTRA: Üben

Sachtexte analysieren

1. Der folgende Sachtext hat sowohl informierende als auch argumentierende Teile.
Lies den Text und unterstreiche informierende Textstellen mit Blau
und argumentierende Textstellen mit Rot.

nach Claudia Vüllers: Wie viel Geld Kids in der eigenen Tasche haben

Bei 71 Prozent aller Kinder zücken Mama oder Papa
einmal die Woche das Portmonee (a): Für die Sechs-
bis Neunjährigen gibt es durchschnittlich 2,67 Euro,
für die 10- bis 12-Jährigen 3,46 Euro. Was
5 das Geld angeht, haben Jungs die Nase
vorn (b), dies hat das Institut für Jugendforschung herausgefunden. Sie bekommen
mehr Taschengeld und auch die Geschenke
fallen größer aus. Warum das so ist, ist nicht klar.
10 „Interessant ist aber, dass diese Tendenz bei Erwachsenen ebenso zu
beobachten ist", findet die Leiterin des Instituts für Jugendforschung, Karin R. Fries, „Männer verdienen gewöhnlich mehr als Frauen in gleichen Positionen."
Wie viel Geld Kinder bekommen sollen, darüber zerbrechen sich die meisten Eltern regelmäßig
den Kopf (c). Tipps gibt es viele. Zum Beispiel heißt es auf einer Familienwebsite, Acht- bis Neun-
15 jährige sollten pro Woche 2 bis 2,50 Euro bekommen und 12- bis 13-Jährige 17,50 Euro – allerdings monatlich.
Obwohl viele Eltern hoffen, dass ihre Kinder dadurch lernen, mit Geld umzugehen und zu sparen,
sind die vielen Kaufangebote für Kinder verlockend. Denn das Wort „Sparen" ist für Spielzeug-
und Süßigkeiten-Hersteller ein Graus. Sie leben ganz gut davon (d), dass viele Kinder ihr Taschen-
20 geld schnell wieder ausgeben. Süßigkeiten, Chips, Spielzeug, Comics, Zeitschriften und Bücher
stehen auf der Liste ganz weit oben (e).

2. Begründe deine Unterstreichungen aus Aufgabe 1, indem du die folgenden beiden Sätze vervollständigst.

In dem informierenden Textteil werden vor allem _____ und _____

genannt. In dem argumentierenden Teil wird eine _____ geäußert,

die dann _____ und _____ wird.

3. Erkläre die im Text markierten Wendungen mit eigenen Worten.

a) _____

b) _____

c) _____

d) _____

e) _____

4. Ergänze den folgenden Lückentext, indem du die Vorgaben an passender Stelle in der richtigen Form einsetzt. Orientiere dich an dem Beispiel.

Die Autorin Claudia Vüllers _leitet_ ihren Text mit der Information _ein_, wie viele Kinder wöchentlich Taschengeld erhalten. Sie ＿＿＿＿＿ im Folgenden darauf ＿＿＿＿＿, dass Jungs mehr Taschengeld bekommen, kann aber nicht ＿＿＿＿＿, warum das so ist. Sie ＿＿＿＿＿ daraufhin darüber, wie viel Geld Acht- bis Neunjährige und 12- bis 13-Jährige bekommen sollten. Schließlich ＿＿＿＿＿ sie in ＿＿＿＿＿, dass viele Kinder ihr Geld sparen, und ＿＿＿＿＿ ihre Meinung damit, dass Hersteller von Süßigkeiten und Spielzeug verlockende Angebote für die Kinder bereithalten, weil sie an ihnen verdienen wollen. Sie ＿＿＿＿＿ ihre These dadurch, dass sie ＿＿＿＿＿, wofür das meiste Geld der Kinder und Jugendlichen ausgegeben wird.

einleiten   hinweisen   erklären   stützen

    darlegen

informieren   in Frage stellen   begründen

5. In dem Text „Wie viel Geld Kids in der eigenen Tasche haben" ist ein Zitat zu finden. Schreibe es heraus und gib es anschließend in indirekter Rede wieder. Achte auf die Verwendung der richtigen Konjunktivform.

Direkte Rede: ＿＿＿＿＿＿＿＿＿＿＿＿＿＿＿＿＿＿＿＿＿＿＿＿＿＿＿＿＿＿＿＿＿＿

＿＿＿

＿＿＿

＿＿＿

Indirekte Rede: ＿＿＿＿＿＿＿＿＿＿＿＿＿＿＿＿＿＿＿＿＿＿＿＿＿＿＿＿＿＿＿＿＿＿

＿＿＿

＿＿＿

＿＿＿

6. Welche Kernaussage enthält der Text? Wähle die deiner Meinung nach zutreffende aus den Vorgaben aus und kreuze sie an.

☐ Fast drei Viertel aller Kinder erhalten wöchentlich Taschengeld von ihren Eltern und geben es schnell wieder aus.

☐ Durch Taschengeld sollen Kinder das Sparen erlernen.

☐ Jungen erhalten mehr finanzielle Zuwendung als Mädchen.

Ein Thema erörtern

◑ Eine Erörterung vorbereiten und gliedern

Schülerbuch S. 40 ff. ■ Erörtern

 In einer schriftlichen Erörterung verschaffst du dir **Klarheit** über deinen **eigenen Standpunkt** zu einem strittigen Thema und stellst diesen **überzeugend** dar.

Als Vorbereitung für die schriftliche Erörterung solltest du die **Problemlage genau bestimmen** und eine **Stoffsammlung** erstellen. Das heißt, dass du **Argumente und Beispiele** zum Thema sammelst und den verschiedenen Standpunkten zuordnest. Dabei sollst du deinen eigenen Standpunkt herausfinden.

Erstelle dann eine **Gliederung**: In der **Einleitung** führst du zum Thema hin, nennst die Problemfrage und versuchst, das Interesse des Lesers z. B. durch einen aktuellen Bezug oder eigene Erlebnisse zu wecken. Im **Hauptteil** baust du deine Argumentationskette auf (zum Beispiel steigend vom schwächsten zum stärksten Argument), entfaltest deine Argumente und stützt sie mit passenden Beispielen. Zum **Schluss** gibst du eine abschließende Stellungnahme ab. Du kannst auch einen Ausblick auf Künftiges geben, einen persönlichen Wunsch, eine Hoffnung oder Forderung äußern.

Achte bei der sprachlichen Gestaltung darauf, dass du die Argumente verknüpfst. Schreibe sachlich und im Präsens.

Containern – Was im Müll landet, holen sie wieder raus

Sie ernähren sich ausschließlich aus den Abfallcontainern von Supermärkten und Lebensmittelkonzernen: Mülltaucher. In der politischen Jugend-Szene Deutschlands ist das Essen aus Abfalltonnen zur Massenbewegung geworden.
In den USA werden sie Dumpdiver* genannt, in Deutschland heißen sie Containerer oder eben Mülltaucher. Sie sind Menschen, die sich ihre Nahrungsmittel nicht im Supermarkt kaufen, sondern aus der Mülltonne fischen. Und sie tun es nicht aus der Not heraus, sondern aus Gewissensgründen. [...]
Falk Beyer containert vor allem aus politischen Gründen, weil er zum einen nicht will, dass Lebensmittel, die noch völlig in Ordnung sind, weggeworfen werden. „Diese Logik des Wegschmeißens finde ich absolut absurd und untragbar", sagt er, während er in der Mülltonne herumwühlt. Der andere Grund sei für ihn, dass er auch Zeit und Kraft für seine politischen Projekte haben wolle und die nicht verschwenden möchte für das Arbeiten, um Geld zu verdienen. [...]

* Dumpdiver: Mülltaucher (engl.)

1. Lies den Artikel über „Containern" auf Seite 14. Stelle zusammen, welche Gründe Falk Beyer dafür hat, sein Essen aus dem Müll zu holen.

_____

_____

_____

2. Könntest du dir vorstellen, selbst containern zu gehen? Formuliere deine eigene Position und begründe deinen Standpunkt. Arbeite im Heft.

3. Sortiere die folgenden Argumente und Beispiele danach, ob sie für oder gegen das Containern sprechen.

In der Wohlstandsgesellschaft werden tonnenweise Lebensmittel vernichtet, während viele Menschen auf der Welt an Hunger leiden.

Viele Lebensmittel in den Containern haben nur kleine Schönheitsfehler, zum Beispiel eine Beule in der Dose.

Containern kann gesundheitsgefährdend sein, weil Lebensmittel, die gekühlt werden müssen, im Müll schnell schlecht werden.

Ich möchte nicht für eine arme Person gehalten werden.

Auch der Müll im Supermarktcontainer gehört noch dem Supermarkt. Containern ist also Diebstahl. Vereinzelt wurden Mülltaucher schon zu Geldstrafen (125 Euro) oder Sozialstunden verurteilt.

Die Supermärkte hätten weniger Einnahmen, wenn mehr Menschen containern gingen.

Wer Lebensmittel aus den Supermarktcontainern nimmt, spart Geld.

Supermärkte werfen viele Lebensmittel schon vor Ablauf des Mindesthaltbarkeitsdatums weg. Dabei kann man die meisten Lebensmittel auch nach Ablauf dieses Datums unbedenklich genießen.

Durch Containern kann man auf das Problem der Wegwerfgesellschaft aufmerksam machen.

4. Untersuche die folgende Argumentationskette. Welcher Standpunkt wird hier vertreten? Untersuche den Aufbau und erkläre, warum dieser so gewählt wurde. Erstelle dann eine Argumentationskette für die gegenteilige Position. Arbeite im Heft.

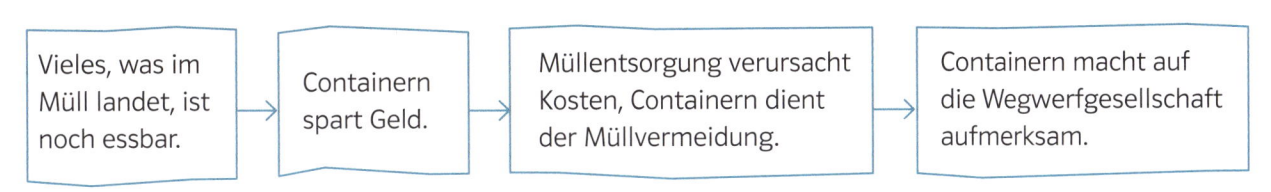

| Vieles, was im Müll landet, ist noch essbar. | → | Containern spart Geld. | → | Müllentsorgung verursacht Kosten, Containern dient der Müllvermeidung. | → | Containern macht auf die Wegwerfgesellschaft aufmerksam. |

5. Bringe die drei Bausteine für eine Argumentation in eine sinnvolle Reihenfolge. Verknüpfe sie zu einem zusammenhängenden Text. Arbeite im Heft.

> Containern = kein Diebstahl, sondern Müllvermeidung

> Müllentsorgung verursacht hohe Kosten.

> Lebensmittel, die im Müll landen, sind oft noch essbar, da zum Beispiel nur die Verpackung beschädigt ist.

6. Formuliere zwei kurze, zusammenhängende Text, in denen du jeweils eines der folgenden Argumente entfaltest. Nutze dazu die angegebenen Formulierungen. Stütze die Argumente auch mit einem Beispiel.
- Durch Containern kann man auf das Problem der Wegwerfgesellschaft aufmerksam machen.
- Die Supermärkte verlieren Einnahmen, wenn Menschen containern.

> Zunächst einmal ist es eine Tatsache, dass ...

> Dies zeigt sich auch an ...

> Dabei muss man beachten, dass ...

> Daraus ergibt sich ...

> In diesem Zusammenhang ist auch wichtig, dass ...

> Deshalb kann man nur zu dem Schluss kommen, dass ...

7. Überarbeite den folgenden Hauptteil einer schriftlichen Erörterung. Bestimmt zuerst die Stellen, an denen die Argumente nicht zueinander passen oder schlecht miteinander verknüpft sind.

> (...) Es ist eine unbestrittene Tatsache, dass in Deutschland jedes Jahr mehrere Millionen Tonnen Lebensmittel im Müll landen. Und das sind nicht nur die Lebensmittel, die verdorben sind, sondern viele, die noch problemlos gegessen werden könnten. Wieso sollte man diese Verschwendung nicht stoppen? Und teilweise werden die Lebensmittel im Supermarkt weggeworfen, wenn die Verpackung einen Kratzer hat. Und wenn das Mindesthaltbarkeitsdatum abgelaufen ist, kann man die meisten Sachen noch essen. Aber wer macht denn so was? Außerdem finde ich es total eklig, in den Containern von Supermärkten rumzuwühlen. (...)

8. Untersuche die Einleitung und den Schluss. Kläre, welche Aufgaben diese Teile einer Erörterung haben.

> Das Containern ist ein neuer Trend bei jungen Erwachsenen. Manche Leute halten es für Diebstahl, wenn jemand weggeworfene Lebensmittel aus Supermarkt-Containern nimmt. Andere sehen darin etwas Ekliges oder Gesundheitsgefährdendes. Aber es gibt auch die Ansicht, dass das Containern ein richtiger Schritt gegen die Verschwendung in unserer Gesellschaft ist. Ich meine, man sollte jedem das Containern erlauben.

> Alles in allem bin ich der Ansicht, dass das Containern ein Vorgehen ist, gegen das es kaum etwas einzuwenden gibt und das auch einige positive Aspekte hat. Ich selbst würde es allerdings nicht machen. Es wäre mir peinlich, wenn mich jemand beim Wühlen im Müllcontainer sehen würde.

Eine offizielle E-Mail adressatengerecht schreiben

Schülerbuch S. 52 ff. ■ offizielle E-Mail

In einer offiziellen E-Mail kannst du mithilfe von **Argumenten** und Argumentationsstützen deine **Position** darstellen und begründen. Um den **Adressaten** deiner E-Mail besser zu erreichen, solltest du dich in ihn **hineinversetzen** und seine Position berücksichtigen. Achte darauf, welche **Funktion** der Adressat hat, ob er über dein Anliegen entscheiden kann, ob er mit der **Sachlage** vertraut ist und welche **Einstellungen** und Wertvorstellungen er hat.

Nenne dein **Anliegen**, stütze es durch eine **Argumentation** und gehe auf die **Haltung** des Adressaten ein. Beende die E-Mail mit der **Bitte** oder **Forderung**, die sich aus deiner Argumentation ergibt. Denke, wie auch beim offiziellen Brief, an die **Höflichkeitsanrede**.

1. Werte das folgende Material zum Thema „Tierversuche" aus und formuliere deine eigene Position. Begründe sie.

_____

_____

_____

_____

_____

_____

_____

_____

_____

Interview mit Herrn Dr. Thorsten Ruppert, Referent für Grundsatzfragen, Forschung, Entwicklung und Innovation des Verbands der forschenden Pharma-Unternehmen (vfa). Almo Nature hat ihn zu den Lebensbedingungen von Labortieren, ihrer Herkunft und den Stellenwert von Tierversuchen in der Forschung befragt.

Warum sind Ihrer Meinung nach Tierversuche unerlässlich?
Wenn ein neues Arzneimittel entwickelt wird, dürfen es Menschen erst testweise erhalten, wenn alle anderen Prüfungsmöglichkeiten inklusive Tierversuche ausgeschöpft sind, um Sicherheit und Verträglichkeit des neuen Medikamentes nachzuweisen. Tierversuche dürfen übrigens auch erst stattfinden, wenn alle anderen Testmöglichkeiten – wie beispielsweise an Zellkulturen – ausgeschöpft wurden.

Was wäre Ihrer Ansicht nach die Folge, wenn Tierversuche abgeschafft werden würden?
Ohne Tierversuche würde die Pharmaforschung für Mensch und Tier zum Erliegen kommen. Tierversuchsgegner denken über den Zusammenhang zwischen dem Ablehnen von Tierversuchen und einem Stopp für Therapie-Entwicklungen häufig nicht nach. Diejenigen, die es tun, argumentieren, man könne den medizinischen Fortschritt bereits jetzt vollständig auf tierfreien Alternativverfahren gründen. Das ist jedoch ein Irrtum. Es gibt zwar viele Alternativen, die jedoch nur Teile des Organismus abbilden können. Der Mensch ist aber wie jedes Tier mehr als die Summe seiner Teile und die Mittel müssen an einem funktionierenden Körper mit Stoffwechsel und Immunsystem getestet werden.

„Nicht ein einziges Medikament zur Behandlung von Krebs am Menschen wurde ursprünglich durch einen Tierversuch gefunden … Die Ergebnisse von Tiermodellen für Medikamente oder andere Heilmittel haben nichts als Verwirrung hervorgerufen, und jene Krebsforscher in die Irre geführt, die versuchten, Schlüsse von Mäusen auf Menschen zu ziehen. […]. Aus wissenschaftlicher Sicht kann man Versuche an Tieren daher als reinen Betrug bezeichnen. Privat werden sie (die Experimentatoren) eingestehen, dass das Tiermodell nicht funktioniert, aber sie bedenken dies mit einem Achselzucken, da nichts funktioniert."

Krebsforscher Dr. Irwin D. J. Bross, Leiter der Abteilung für Lebensstatistik am Roswell Park Memorial Institute von New York

„Was heute an Millionen Versuchstieren geschieht, muss verboten werden, weil es mit der Selbstachtung einer menschlichen Rechtsgemeinschaft nicht vereinbar ist. Die absichtsvolle Verwandlung eines solchen Lebens in ein Bündel von Leiden und stummer Verzweiflung ist ein Verbrechen. Was sollte eigentlich sonst ein Verbrechen sein?"

Robert Spaemann, Münchner Philosoph, 1980

2. Notiere in Stichpunkten Argumente für deine Position zum Thema „Tierversuche".

_____

_____

_____

_____

3. Recherchiere, wer in Deutschland Tierversuche durchführt. Suche dir eine solche Einrichtung aus und schreibe den Text für eine offizielle E-Mail, in der du deine Zustimmung oder Ablehnung der Einrichtung mitteilen möchtest. Begründe deine Position. Schließe mit einer Bitte oder einem Appell.

_____

_____

_____

_____

_____

_____

_____

_____

_____

_____

● **Das kannst du jetzt!** ☆

 **Training interaktiv**
Erörtern
4947fx

1. Plane zum Thema „Tierversuche" eine schriftliche Erörterung. Recherchiere zusätzlich zu den Argumenten aus Aufgabe 2 auf Seite 18 eigenständig weitere Informationen zum Thema. Notiere Beispiele und Zitate, die deine Argumente stützen.

Beispiele	Zitate
1.	1.
2.	2.

2. Wähle vier Argumente und baue daraus eine sinnvolle Argumentationskette auf. Überlege, ob du diese Argumente mit Beispielen oder Zitaten stützen kannst. Notiere deine Auswahl in dem Schema.

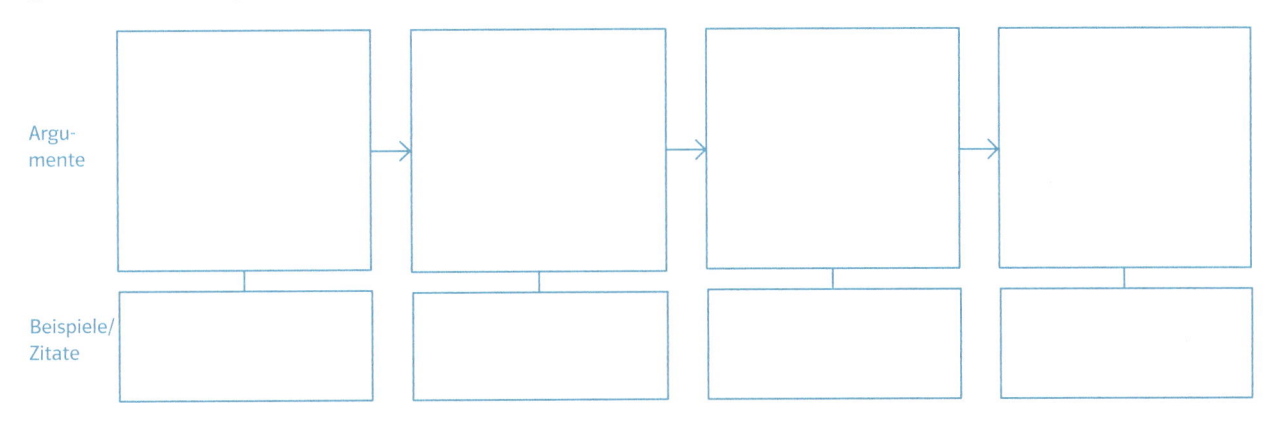

3. Formuliere eine geeignete Einleitung für deine schriftliche Erörterung zum Thema „Tierversuche".

_____
_____
_____
_____
_____
_____
_____
_____
_____
_____
_____

4. Verfasse eine vollständige Erörterung zum Thema „Tierversuche". Arbeite im Heft.

EXTRA: Üben

Eine Erörterung schreiben

1. Entziffere die Spiegelschrift und du erhältst hilfreiche sprachliche Mittel zur Verknüpfung von Argumenten. Schreibe die Wendungen auf. Arbeite im Heft.

daher, deshalb, folglich, also, dagegen, aber, außerdem (ist noch zu beachten), wichtig(er) ist noch das Argument ..., ein weiterer Gesichtspunkt ist ..., allerdings spricht dagegen, noch stärker spricht dagegen, des Weiteren (ist zu bedenken), weitaus wichtiger ist, noch stärker spricht dafür, einerseits ... andererseits ..., darüber hinaus, aus diesem Grund, schließlich, abgesehen von ... ist aber auch ..., das ist nicht von der Hand zu weisen, zumal auch, dabei sollte man nicht nur ... sondern auch ... bedenken, die Folge ist, das sind wichtige Gründe, bedeutsamer aber ist, man erreicht also das Gegenteil, wenn man ..., darüber hinaus, zudem, ein weiterer Grund, ein letztes Argument

2. Verbinde die folgenden Textbausteine zu sieben gelungenen Formulierungen für den Abschluss einer Erörterung und schreibe sie auf. Es gibt zum Teil mehrere Möglichkeiten. Orientiere dich an dem Beispiel.

Zusammenfassend

Alles/Vieles/Manches

kann man sagen, dass …

lässt sich festhalten, dass …

bin ich der Meinung, dass …

Aus diesem Grund

Deshalb

bin ich der Ansicht, dass …

spricht dafür, dass …

Abschließend

Zusammenfassend lässt sich festhalten, dass … /

_____

_____

_____

_____

3. Verknüpfe die folgenden Argumente zum Thema „Leben auf dem Land oder in der Stadt?" sinnvoll miteinander. Nutze die Vorgaben.

Auf dem Land gibt es kaum Luftverschmutzung, keinen Smog./Es gibt weniger Industrieabgase./Kinder wachsen gesünder auf./Man ist umgeben von Natur. (und, aus diesem Grund, zudem)

_____

_____

_____

Auf dem Land ist es leichter, Kontakte zu knüpfen./In der Stadt herrscht nicht nur Anonymität.
(doch auch)

_____

_____

_____

Im Krankheitsfall ist Nachbarschaftshilfe auf dem Dorf eine gute Sache./Ist man ernsthaft krank,
findet man in der Stadt die besseren Ärzte, Fachärzte./größere Nähe zu einem Krankenhaus
(jedoch/allerdings, vor allem, für das Stadtleben spricht auch)

_____

_____

_____

Jugendliche können sich in der Stadt besser verwirklichen./Viele Freizeit- und Sportangebote sind
vorhanden./Es stehen mehrere verschiedene Schulen zur Wahl. (besonders, da, außerdem)

_____

_____

_____

4. Eine Erörterung sollte leserfreundlich geschrieben sein, damit man der Argumentation gut folgen
kann. Ordne die folgenden Tipps den Schülerbeispielen zu und verbessere sie. Arbeite im Heft.

> überflüssige Substantivierungen umgehen

> keine Schachtelsätze formulieren

> Aktiv statt Passiv verwenden

> Füllwörter vermeiden

... In der Stadt gibt es die Möglichkeit des Auswählens verschiedener Schulen ...

... Obwohl auf dem Land die Luftverschmutzung geringer ist, sind die Leute dort auf ein Auto angewiesen, denn das Netz des öffentlichen Nahverkehrs ist in ländlichen Gegenden nicht so gut ausgebaut, und somit würde jeder zu stärkerer Luftverschmutzung beitragen ...

... Eigentlich gibt es für die Jugend in der Stadt jede Menge toller Angebote, die doch auch quasi rund um die Uhr verfügbar sind ...

... Von den Ärzten in der Stadt wird eine bessere medizinische Versorgung angeboten, auch der Bedarf an Medikamenten wird durch viele Apotheken sicherer abgedeckt ...

Zu literarischen Texten schreiben

◑ Eine Inhaltsangabe schreiben

Schülerbuch S. 78 ff. ■ Inhaltsangabe

 Gliedere den Text zunächst in **Handlungsschritte** und fasse die **äußere Handlung** knapp zusammen. Notiere **Gedanken** und **Gefühle** der **Hauptfigur(en)** und ermittle **Thema** und **Kernaussage** des Textes. In der **Einleitung** der Inhaltsangabe nennst du Textsorte, Autor, Titel und Thema **(TATT)** sowie die Kernaussage. Im **Hauptteil** stellst du wichtige Handlungsschritte dar und bindest auch die **innere Handlung** mit ein. Zum **Schluss** beschreibst du die **Wirkung** und **Botschaft** des Textes. Du kannst ihn **bewerten** und auch mit anderen Texten vergleichen. Schreibe **sachlich** und im **Präsens** und verwende **Scharnierwörter**, um Zusammenhänge zu verdeutlichen. Wörtliche Rede kannst du mit eigenen Worten oder als indirekte Rede wiedergeben.

1. Lies nur den Titel der folgenden Kurzgeschichte und beschreibe kurz, welche Erwartungen er bei dir weckt.

_____

_____

_____

_____

Ilse Aichinger: Das Fenstertheater

Die Frau lehnte am Fenster und sah hinüber. Der Wind trieb in leichten Stößen vom Fluss herauf und brachte nichts Neues. Die Frau hatte den starren Blick neugieriger Leute, die unersättlich sind. Es hatte ihr noch niemand den Gefallen getan, vor ihrem Haus niedergefahren zu werden. Außerdem wohnte sie im vorletzten Stock, die Straße lag zu tief unten. Der Lärm rauschte nur
5 mehr leicht herauf. Alles lag zu tief unten. Als sie sich eben vom Fenster abwenden wollte, bemerkte sie, dass der Alte gegenüber Licht angedreht hatte. Da es noch ganz hell war, blieb dieses Licht für sich und machte den merkwürdigen Eindruck, den aufflammende Straßenlaternen unter der Sonne machen. Als hätte einer an seinen Fenstern die Kerzen angesteckt, noch ehe die Prozession die Kirche verlassen hat. Die Frau blieb am Fenster. Der Alte öffnete und nickte herüber. Meint er
10 mich? dachte die Frau. Die Wohnung über ihr stand leer und unterhalb lag eine Werkstatt, die um diese Zeit schon geschlossen war. Sie bewegte leicht den Kopf. Der Alte nickte wieder. Er griff sich an die Stirne, entdeckte, dass er keinen Hut aufhatte, und verschwand im Inneren des Zimmers. Gleich darauf kam er in Hut und Mantel wieder. Er zog den Hut und lächelte. Dann nahm er ein weißes Tuch aus der Tasche und begann zu winken. Erst leicht und dann immer eifriger.
15 Er hing über die Brüstung, dass man Angst bekam, er würde vornüberfallen. Die Frau trat einen Schritt zurück, aber das schien ihn zu bestärken. Er ließ das Tuch fallen, löste seinen Schal vom Hals – einen großen bunten Schal – und ließ ihn aus dem Fenster wehen. Dazu lächelte er. Und als sie noch einen weiteren Schritt zurücktrat, warf er den Hut mit einer heftigen Bewegung ab und wand den Schal wie einen Turban um seinen Kopf. Dann kreuzte er die Arme über der Brust und
20 verneigte sich. So oft er aufsah, kniff er das linke Auge zu, als herrsche zwischen ihnen ein gehei-

mes Einverständnis. Das bereitete ihr so lange
Vergnügen, bis sie plötzlich nur mehr seine
Beine in dünnen, geflickten Samthosen in
die Luft ragen sah. Er stand auf dem Kopf. Als

25 sein Gesicht gerötet, erhitzt und freundlich
wieder auftauchte, hatte sie schon die Polizei
verständigt. Und während er, in ein Leintuch
gehüllt, abwechselnd an beiden Fenstern
erschien, unterschied sie schon drei Gassen

30 weiter über dem Geklingel der Straßenbah-
nen und dem gedämpften Lärm der Stadt das
Hupen des Überfallautos. Denn ihre Erklä-
rung hatte nicht sehr klar und ihre Stimme
erregt geklungen. Der alte Mann lachte jetzt,

35 sodass sich sein Gesicht in tiefe Falten legte,

streifte dann mit einer vagen Gebärde darüber, wurde ernst, schien das Lachen eine Sekunde lang
in der hohlen Hand zu halten und warf es dann hinüber. Erst als der Wagen schon um die Ecke
bog, gelang es der Frau, sich von seinem Anblick loszureißen. Sie kam atemlos unten an. Eine Men-
schenmenge hatte sich um den Polizeiwagen gesammelt. Die Polizisten waren abgesprungen, und

40 die Menge kam hinter ihnen und der Frau her. Sobald man die Leute zu verscheuchen suchte,
erklärten sie einstimmig, in diesem Hause zu wohnen. Einige davon kamen bis zum letzten Stock
mit. Von den Stufen beobachteten sie, wie die Männer, nachdem ihr Klopfen vergeblich blieb und
die Glocke allem Anschein nach nicht funktionierte, die Tür aufbrachen. Sie arbeiteten schnell und
mit einer Sicherheit, von der jeder Einbrecher lernen konnte. Auch in dem Vorraum, dessen Fens-

45 ter auf den Hof sahen, zögerten sie nicht eine Sekunde. Zwei von ihnen zogen die Stiefel aus und
schlichen um die Ecke. Es war inzwischen finster geworden. Sie stießen an einen Kleiderständer,
gewahrten den Lichtschein am Ende des schmalen Ganges und gingen ihm nach. Die Frau schlich
hinter ihnen her. Als die Tür aufflog, stand der alte Mann mit dem Rücken zu ihnen gewandt noch
immer am Fenster. Er hielt ein großes weißes Kissen auf dem Kopf, das er immer wieder abnahm,

50 als bedeutete er jemandem, dass er schlafen wolle. Den Teppich, den er vom Boden genommen
hatte, trug er um die Schultern. Da er schwerhörig war, wandte er sich auch nicht um, als die Männer auch schon knapp hinter ihm standen und die Frau über ihn hinweg in ihr eigenes finsteres
Fenster sah. Die Werkstatt unterhalb war, wie sie angenommen hatte, geschlossen. Aber in die Wohnung oberhalb musste eine neue Partei eingezogen sein. An eines der erleuchteten Zimmer war ein

55 Gitterbett geschoben, in dem aufrecht ein kleiner Knabe stand. Auch er trug sein Kissen auf dem
Kopf und die Bettdecke um die Schultern. Er sprang und winkte herüber und krähte vor Jubel. Er
lachte, strich mit der Hand über das Gesicht, wurde ernst und schien das Lachen eine Sekunde lang
in der hohlen Hand zu halten. Dann warf er es mit aller Kraft den Wachleuten ins Gesicht.

2. Lies den Text „Das Fenstertheater" und beantworte anschließend in Stichworten die folgenden W-Fragen.

Wer? _____

Was? _____

Wo? _____

Wie? _____

Wann? _____

Warum? _____

3. Worum geht es in der Kurzgeschichte von Ilse Aichinger? Formuliere das Thema.

_____

_____

_____

_____

4. Ein Schüler hat die Kurzgeschichte „Das Fenstertheater" in Handlungsschritte gegliedert. Leider sind seine Aufzeichnungen durcheinandergeraten. Bringe sie wieder in die richtige Reihenfolge, indem du sie nummerierst.

☐	*Der Mann erscheint mit Mantel und Hut und winkt mit einem Tuch herüber. Er lehnt sich über die Brüstung.*
☐	*Eine große Menschenmenge versammelt sich bei der Ankunft der Polizei.*
☐	*Sie entdeckt im Haus gegenüber einen alten Mann, der am Fenster steht und herübernickt.*
☐	*Die Polizei bricht die Tür auf, weil der Mann ihr Klopfen nicht hört.*
☐	*Als der Mann einen Kopfstand macht, ruft die Frau die Polizei.*
☐	*Der Alte öffnet das Fenster nickt der Frau zu und verschwindet im Inneren seiner Wohnung.*
☐	*Die Frau folgt der Polizei bis zur Wohnung des Mannes.*
☐	*Oberhalb der Wohnung von der Frau ist jemand eingezogen.*
☐	*Das Fenstertheater gilt nicht der Frau, sondern einem kleinen Jungen.*
1	*Eine Frau sieht gelangweilt aus dem Fenster ihrer Wohnung.*

5. Beurteile die folgenden Einleitungssätze für eine Inhaltsangabe zu der Kurzgeschichte „Das Fenstertheater". Kreuze an, welcher deiner Meinung nach am gelungensten ist, und begründe.

☐ *In der Kurzgeschichte „Das Fenstertheater" von Ilse Aichinger aus dem Jahr 1953 geht es um eine Frau, die das seltsame Schauspiel eines alten Mannes am Fenster gegenüber beobachtet, aus Irritation darüber die Polizei ruft und dann feststellen muss, dass das Fenstertheater nicht ihr, sondern einem kleinen Jungen galt.*

☐ *In der Kurzgeschichte „Das Fenstertheater" von Ilse Aichinger geht es um eine Frau, die sich von ihrem Nachbarn, der gegenüber wohnt, belästigt fühlt. Als sie die Polizei ruft, stellt sich heraus, dass der Nachbar nur mit einem Jungen, der über der Frau wohnt, herumgealbert hat.*

☐ *In Ilse Aichingers Text „Das Fenstertheater" geht es um einen alten Mann, der für ein kleines Kind am Fenster Theater spielt. Eine Frau gegenüber sieht das, denkt, dass er sie meint, und ruft die Polizei.*

☐ *In „Das Fenstertheater" von Frau Aichinger geht es um eine Frau, die dem Missverständnis unterliegt, dass ein alter Mann im gegenüberliegenden Haus verrückt sei, weswegen sie die Polizei verständigt, dieser aber ein Fenstertheater für einen Jungen aufführt.*

6. Beschreibe die Wirkung und die Botschaft der Kurzgeschichte „Das Fenstertheater". Gib auch deine eigene Meinung an.

7. Verfasse eine Inhaltsangabe zu der Kurzgeschichte „Das Fenstertheater".

8. Gestalte einen inneren Monolog, in dem du die Gedanken der Frau während des Geschehens niederschreibst. Arbeite im Heft.

◓ Erzählende Texte schriftlich interpretieren

Schülerbuch S. 85 ff. ▪ Interpretation

 Um einen erzählenden Text zu interpretieren, halte zunächst deine ersten **Eindrücke** fest. Fasse die **äußere** und **innere Handlung** zusammen, notiere Besonderheiten und Funktionen von **Form** und **Sprache**. Untersuche zum Beispiel Thema, Handlungsverlauf, Figurenkonstellation, Erzählweise, Gestaltung von Ort und Zeit, auffällige sprachliche Merkmale des Textes und stelle dann eine **Deutungshypothese** auf. Verfasse **Einleitung**, **Hauptteil** und **Schluss**. Achte auf einen **logischen Aufbau** und auch darauf, deine Deutungen am Text zu **belegen**.

Franz Kafka: Kleine Fabel (1920)

„Ach", sagte die Maus, „die Welt wird enger mit jedem Tag. Zuerst war sie so breit, dass ich Angst hatte, ich lief weiter und war glücklich, dass ich endlich rechts und links in der Ferne Mauern sah, aber diese langen Mauern eilen so schnell aufeinander zu, dass ich schon im letzten Zimmer bin, und dort im Winkel steht die Falle, in die ich laufe." – „Du musst nur die Laufrichtung ändern", sagte die Katze und fraß sie.

1. Lies die „Kleine Fabel" von Franz Kafka. Formuliere deinen ersten Eindruck und gib den Inhalt des Textes mit eigenen Worten wieder.

Erster Eindruck:

_____

_____

_____

_____

Inhaltsangabe:

In dem Text „Kleine Fabel" von Franz Kafka geht es um _____

_____

_____

_____

_____

_____

_____

2. 🗒 Mache dir Notizen zu Erzählweise und Figurenkonstellation im Text „Kleine Fabel". Arbeite im Heft.

3. Sprachlich auffällig an dem Text „Kleine Fabel" ist unter anderem der Tempuswechsel. Ergänze den folgenden Satz und gib die entsprechenden Textstellen an. Orientiere dich an dem Beispiel.

Die Rede der Maus beginnt im _____ (_„wird", Z. 1_), wechselt dann

ins _____ (_____) und in der Mitte des Textes zurück ins

_____ (_____).

4. Vervollständige den Ausschnitt aus einer Schülerinterpretation des Textes „Kleine Fabel", indem du die Lücken ausfüllst.

> _Betrachtet man Kafkas „Kleine Fabel" formal, so lässt sich der Text in _____ Abschnitte unterteilen. Diese Abschnitte bestehen jeweils nur aus einem Satz. Besonders auffällig ist der _____ Satz dieser Parabel. Er ist hypotaktisch aufgebaut und besteht aus drei ineinander verschachtelten Nebensätzen, die alle mit „dass ich" beginnen. Sehr kurz sind dagegen der _____ und _____ Satz. Diese Dreigliedrigkeit des Textes kann auch inhaltlich begründet werden. So bedauert die Maus im ersten Abschnitt ihre aktuelle Situation, in der die Welt für sie immer _____ wird. Im nächsten Abschnitt reflektiert sie sehr dynamisch ihr gesamtes kurzes Leben. Dabei wechselt sie das _____. Eine deutliche Zäsur hat dieser Abschnitt in der Mitte des Satzes, wo ein „_____" steht. Im dritten Teil kommt die _____ hinzu. Von der Maus erfährt der Leser nur noch, dass sie gefressen wird._

5. Beantworte die beiden folgenden Fragen und stelle anschließend eine Deutungshypothese zu dem Text von Franz Kafka auf.

Was hat es mit dem Richtungswechsel auf sich, den die Katze der Maus vorschlägt?

_____

_____

_____

Warum wird die Maus gefressen?

_____

_____

_____

Deutungshypothese:

_____

_____

_____

◔ Eine Interpretation überarbeiten

Martin Suter: Ein paar Ostergedanken (2000)

„Schöne Ostern gehabt?"

„Doch, sehr schön, danke, und Sie?"

„Auch sehr schön, doch."

„Weggefahren?"

5 „Um Himmels willen, nein, ganz relaxed zu Hause. Und Sie?"

„Wir auch, bin doch nicht wahnsinnig. Stress kann ich auch hier haben."

„Nicht wahr? Haben Sie die Bilder gesehen? Was sind das bloß für Menschen, die sich das antun?"

„Die haben keinen Stress im Job."

„Glauben Sie?"

10 „Schauen Sie uns an. Müssen wir an unseren spärlichen paar freien Tagen mit quengelnden Kindern im Schritttempo durch den Gotthard* fahren?"

„Oder sechs Stunden zwischen Besoffenen aus Birmingham und Leverkusen in der Abflughalle von Palma de Mallorca die Kinder mit kalten Pommes frites und warmen Glaces bei Laune halten?"

„Ich sage Ihnen: Die Leute haben beruflich keinen Stress, sonst würden die zu Hause bleiben und

15 Eier anmalen."

„Mein Jüngster hat ein Ei schwarz gemalt. Bis wir das gefunden hatten im Garten! Nicht dumm. Schwarz, und ist erst vier."

„Unsere Kleine hat geweint, als sie den Schoggihasen gegessen hat. ‚Warum weinst du?', habe ich sie gefragt. ‚Arms Häsli', hat sie geantwortet. Aber gegessen hat sie ihn."

20 „An solchen Tagen merkt man erst, wie schlecht man seine eigenen Kinder kennt."

„Man ist eben viel zu wenig zu Hause."

„Und kaum schaut man sich um, sind sie erwachsen."

„Dabei ist das jetzt die wichtigste Zeit, zwischen vier und zwölf."

„Und die opfert man dem Laden."

25 „Blöd, wie man ist."

„Ist halt auch eine wichtige Zeit, zwischen 30 und 40, beruflich."

„Wenn du's dann nicht packst, vergiss es."

„Besonders jetzt."

„Da kann es eben auch einmal etwas später werden, da kann man nicht immer mit der Stoppuhr

30 im Büro sitzen."

„Ich komme auf gut sechzig Stunden. Sie auch?"

„Wenn's wenig ist."

„Ich meine, im Schnitt."

„Im Schnitt sowieso."

35 „Darunter leidet natürlich die Familie."

„Ganz klar."

„Ich versuche, wenigstens jeden zweiten Abend daheim zu sein, bevor sie im Bett sind."

„Bei mir ist das schwierig. Vier und sechs. Aber wenigstens die Wochenenden. Also die Sonntage. Aber das reicht natürlich nicht."

40 „Aber man tut es ja für die Familie. Auch und gerade."

„Das ist ja die Ironie**. Ihr zuliebe vernachlässigt man sie."

„Manchmal fragt man sich."

„Besonders nach den Ostertagen zu Hause."

„Wenn man so mit der Frau und den Kindern am Küchentisch sitzt und mit Sternchenfaden

45 Kräutlein und Zwiebelschalen um Eier wickelt, fragt man sich schon, ob es nicht Wichtigeres gibt im Leben als die Karriere."

„Ach, Sie machen die auch mit den Kräutlein? Mir fehlt die Geduld, aber meine Frau macht richtige Kunstwerke."

„An solchen Tagen habe ich manchmal Lust, den Bettel*** hinzuschmeißen und ein normales Leben
zu führen. Als irgendeine Nummer irgendwo in einem Betrieb mit geregelten Arbeitszeiten, einem
bescheidenen Gehalt, aber ohne Stress."

„Dann könnte man auch einmal ein paar Tage weg über Ostern mit der Familie."

„Nach Italien oder Mallorca!"

„Es ist schon ein Teufelskreis."

*   Gotthard: Autotunnel durch die Alpen, eine der wichtigsten Nord-Süd-Verbindungen
**   Ironie: hier im Sinne von widersinniger Lage
***   den Bettel hinschmeißen: die Tätigkeit aufgeben

1. Charakterisiere die Väter mit einigen passenden Adjektiven. Begründe deine Wahl mit Textstellen.

Die Väter wirken auf mich ...

_____

_____

2. Erläutere, was das Besondere an der Gestaltungsweise dieser Erzählung ist. Wie wirkt die Erzählung
dadurch auf dich?

Gestaltungsweise: _____

_____

_____

Wirkung: _____

_____

3. Gliedere den Text in Abschnitte und formuliere passende Überschriften für die einzelnen Abschnitte.
Was ist die Kernaussage des Textes?

Zeile	Überschrift
1–3	

Kernaussage: _____

4. 📖 Notiere Stichpunkte für eine zusammenfassende Wertung der Erzählung am Schluss einer schriftlichen Interpretation. Gehe dabei auch auf den erwähnten „Teufelskreis" ein. Arbeite im Heft.

5. Beurteile den folgenden Schülertext mit der unten stehenden Checkliste:

Ausschnitt aus einer Interpretation zu „Ein paar Ostergedanken"

Zwei Väter unterhalten sich über die Osterfeiertage, die sie zu Hause mit der Familie verbracht haben. Beiden ist ihre Karriere sehr wichtig und deshalb verbringen sie wenig Zeit mit ihrer Familie. Einerseits bedauern sie das, andererseits glauben sie, gerade wegen der Familie nicht anders handeln zu können. Sie machen sich über die Leute lustig und schauen auf die herab, die über die Feiertage nach
5 *Mallorca fliegen oder nach Italien in den Urlaub fahren, doch sie wünschen sich das eigentlich selbst. Die beiden Männer wirken ziemlich arrogant. Das kommt auch durch die vielen Übertreibungen. Sie geben sich als gestresste Geschäftsleute, die andere Väter, die über Ostern mit ihrer Familie wegfahren, als Faulenzer abstempeln (siehe Z. 9). Urlaub mit der Familie bedeutet für den einen Vater „mit quengelnden Kindern im Schritttempo durch den Gotthard [zu] fahren" (Z. 12). Plötzlich gibt der eine*
10 *Vater mit seinen Kindern an. Hier ändert sich auf einmal die Stimmung: Obwohl die beiden Männer von da an häufig „man" statt „ich" sagen, ist zu erkennen, dass die beiden mit ihrer Situation und auch ihrem Verhalten unzufrieden sind. Einer bezeichnet sich sogar indirekt als „blöd" (Z. 29).*
Die beiden Väter empfinden ihre Lage als „Teufelskreis" (Z. 61). Dieser Schlüsselbegriff wird in Suters Erzählung kurz zuvor erläutert. Es sei „Ironie", dass man die Kinder gerade der Familie „zuliebe ver-
15 *nachlässigt" (Z. 46 f.). Auffällig ist die Verwendung des Wortes „wichtig". Erst wird die Zeit mit den Kindern „zwischen vier und zwölf" als „die wichtigste Zeit" (Z. 27) bezeichnet, dann aber das Alter „zwischen 30 und 40" als „wichtige Zeit" (Z. 30) im Beruf.*

☐	Sind Thema und Wirkung verständlich formuliert?
☐	Ist eine Deutungshypothese, die die Kernaussage des Textes trifft, aufgestellt?
☐	Ist die Deutungshypothese nachvollziehbar und textnah belegt?
☐	Ist die Interpretation sinnvoll gegliedert?
☐	Sind sprachliche Auffälligkeiten belegt und für die Deutung genutzt worden?
☐	Sind zentrale Aussagen durch sinnvoll eingebettete Zitate belegt?
☐	Sind die Formulierungen angemessen?
☐	Sind Rechtschreibung, Grammatik und Zeichensetzung korrekt?

6. 📖 Überarbeite den Schülertext. Achte auf die Gliederung, die Gedankenführung, die sprachliche Verknüpfung und die Stützung durch Textbelege. Arbeite im Heft.

● Das kannst du jetzt! ☆

⊕ Training
interaktiv
Zu literarischen Texten schreiben
9tc344

Ephraim Kishon: Onkel Morris und das Kolossalgemälde

Der Tag begann wie jeder andere Tag. Im Wetterbericht hieß es „wechselnd wolkig bis heiter", die See war ruhig, alles sah ganz normal aus. Aber zu Mittag hielt plötzlich ein Lastwagen vor unserem Haus. Ihm entstieg Morris, ein angeheirateter Onkel meiner Gattin mütterlicherseits.

„Ihr seid übersiedelt, höre ich", sagte Onkel Morris. „Ich habe euch ein Ölgemälde für die neue
5 Wohnung mitgebracht." Und auf einen Wink seiner freigebigen Hand brachten zwei stämmige Träger das Geschenk angeschleppt.

Wir waren tief bewegt. Onkel Morris ist der Stolz der Familie meiner Frau, ein sagenhaft vermögender Mann von großem Einfluss in einflussreichen Kreisen. Gewiss, sein Geschenk kam ein wenig spät, aber schon die bloße Tatsache seines Besuchs war eine Ehre, die man richtig einschätzen musste.

10 Das Gemälde bedeckte ein Areal von vier Quadratmetern, einschließlich des gotisch-barocken Goldrahmens [...]. Noch nie in unserem ganzen Leben hatten wir ein derartiges Konzentrat von Scheußlichkeit erblickt, obendrein in quadratischem Format, in neoprimitivem Stil und in Technicolor. [...] Als Onkel Morris, der Stolz der Familie meiner Frau, gegangen war, saßen wir lange vor dem in Öl geronnenen Schrecknis und schwiegen. [...] Ich schlug vor, die quadratische Ungeheuerlichkeit zu
15 verbrennen. Meine Gattin schüttelte traurig den Kopf und wies auf die eigentümliche Empfindlichkeit hin, durch die sich ältere Verwandte auszeichnen. Onkel Morris würde uns eine solche Kränkung niemals verzeihen, meinte sie.

Wir beschlossen, dass wenigstens niemand anderer das Grauen je zu Gesicht bekommen sollte, schleppten es auf den Balkon, drehten es mit der öligen Seite zur Mauer und ließen es stehen. Eine
20 der dankenswertesten Eigenschaften des menschlichen Geistes ist die Fähigkeit zu vergessen. Wir vergaßen das Schreckensgemälde, das von hinten nicht einmal so schlecht aussah, und gewöhnten uns allmählich an die riesige Leinwand auf unserem Balkon. Eine Schlingpflanze begann sie instinktiv zu überwuchern. Manchmal des Nachts konnte es freilich geschehen, dass meine Frau jäh aus ihrem Schlaf emporfuhr, kalten Schweiß auf der Stirn. „Und wenn Onkel Morris zu Besuch kommt?"
25 „Er kommt nicht", murmelte ich verschlafen. „Warum sollte er kommen?"

Er kam. [...] Wir saßen gerade beim Essen, als die Türglocke erklang. Ich öffnete. Onkel Morris stand draußen und kam herein. [...] Im ersten Schreck – denn auch ich bin nur ein Mensch – erwog ich, mich durch die offengebliebene Tür davonzuschleichen und draußen im dichten Nebel zu verschwinden. Gerade da erschien meine Frau, die beste Ehefrau von allen. Bleich, aber gefasst stand
30 sie im Türrahmen und zwitscherte: „Bitte nur noch ein paar Sekunden, bis ich Ordnung gemacht habe! Ephraim, unterhalte dich so lange mit Onkel Morris. Das kann nur gut für dich sein."

Ich versperrte Onkel Morris unauffällig den Weg ins Nebenzimmer und verwickelte ihn in ein angeregtes Gespräch. Von nebenan klangen verdächtige Geräusche, schwere Schritte und ein sonderbares Pumpern, als schleppte jemand eine Leiter hinter sich her. Dann machte ein fürchterlicher
35 Krach die Wände erzittern und dann klang die schwache Stimme der besten Ehefrau von allen: „Ihr könnt hereinkommen."

Wir betraten das Nebenzimmer. Meine Frau lag erschöpft auf der Couch und atmete schwer. An der Wand hing, noch leise schaukelnd, Onkelchens Ölgeschenk, verdunkelte das halbe Fenster und sah merkwürdig dreidimensional aus, denn es bedeckte noch zwei kleinere Gemälde nebst der Ku-
40 ckucksuhr, und zwar dort, wo die Berge waren, die sich infolgedessen deutlich hervorwölbten. [...] Seit diesem Zwischenfall lebten wir in ständiger Bereitschaft. Von Zeit zu Zeit hielten wir Alarmübungen ab: Wir stellen uns schlafend – meine Frau ruft plötzlich: „Morris!" – ich springe mit einem Panthersatz auf den Balkon – unterdessen fegt meine Frau alles von den Wänden des Zimmers herunter – eine Notleiter liegt griffbereit unterm Bett – und im Handumdrehen ist alles hergerichtet. [...]

1. 📖 Verfasse eine Inhaltsangabe zu dem Ausschnitt aus Kishons Erzählung. Arbeite im Heft.

○ **EXTRA: Üben**

Eine Inhaltsangabe schreiben

1. Beim Verfassen von Inhaltsangaben musst du die direkte Rede umformen. Wandle in folgenden Sätzen die direkte Rede in indirekte Rede um. Achte dabei auf die Verwendung des Konjunktivs. Orientiere dich an dem Beispiel.

Anna fragt ihre Eltern: „Können wir in den Zoo gehen?"

Anna fragt ihre Eltern, ob sie in den Zoo gehen könnten.
(Hier muss der Konjunktiv II stehen, da der Konjunktiv I mit der Indikativ-Form identisch ist.)

„Ja, das können wir machen! Das Wetter ist gut und ich habe Lust, die Tiger zu beobachten", antwortet ihr Vater.

Ihr Vater antwortet, _____

_____

_____

„Aber es ist Sonntag", gibt ihre Mutter zu bedenken, „da wird es im Zoo sehr voll!"

_____

_____

_____

Anna meint: „Das macht mir nichts aus!"

_____

_____

Der Vater stellt fest: „Einen leeren Zoo gibt es nicht. Die Sicht auf die Tiere muss man sich immer mit anderen Besuchern teilen."

_____

_____

_____

2. Die folgenden Wendungen enthalten sprachliche Bilder. Es kommen Metaphern (M), Personifikationen (P) und Vergleiche (V) vor. Ordne sie richtig zu, indem du die entsprechende Abkürzung hinter jeden Satz schreibst. Orientiere dich an dem Beispiel.

Sie sind Rabeneltern.	M	Er fühlte sich wie das fünfte Rad am Wagen.	___
Die Sonne lacht.	___	Wir reiten auf einer Erfolgswelle.	___
Sie war bleich wie Kreide.	___	Er ist wie ein Fels in der Brandung.	___
Der Tag verabschiedet sich.	___	Der Wind spielt mit ihren Haaren.	___
Warteschlange	___	Er ist der Kopf der Bande.	___

Gedankengänge für eine Interpretation nachvollziehbar darstellen

3. Wie heißen die Formulierungen zur nachvollziehbaren Darstellung und Verknüpfung von Gedankengängen richtig?

Der Leser ehfrärt …   *Der Leser erfährt* _____

Daraus berigt sich … _____

Es thensett der deurinck … _____

Der Autor ildschert … _____

Besonders giläuffal ist … _____

srervtäkt wird dies durch … _____

Daraus lässt sich leitaben … _____

Das envarschlichaut … _____

4. In den folgenden Umschreibungen wird nach Begriffen gesucht, die in einer Textinterpretation wichtig sein können. Ordne jeder Umschreibung den passenden Begriff zu. Verwende alle vorgegebenen Silben.

Gespräch von zwei Personen

_____

Umstellung der gewöhnlichen Worstellung im Satz

_____

Bezeichnung für eine Person in einem literarischen Text

_____

Bildlicher Ausdruck, in dem Vergleich und Verglichenes gleichgesetzt werden

_____

Längerer Redepart einer einzigen Person ohne Beteiligung anderer Sprecher

_____

Tempus, in dem die Gegenwart erzählt wird

_____

Die Deutung eines Textes

_____

Blickwinkel des Erzählers

_____

Atmosphäre in einer Szene oder in einem Text

_____

DIA   IN   NO   ME   MO   MUNG
LOG   PRÄ   GUR   SENS   FI   LOG
PER   PHER   SPEK   PRE
STIM   SION   TI   IN   VE   TER
TA   TION   VER   TA

Erzählende Texte untersuchen und deuten

Novellen untersuchen

Schülerbuch S.115 ff. ■ Novellen

 Novellen (ital. *Novella*: kleine Neuigkeit) sind längere **Erzählungen** von Geschehnissen, die sich tatsächlich ereignet haben oder real vorstellbar sind. Meist wird das **Schicksal** von Menschen in einer **Krisensituation** dargestellt. Die Handlung nimmt oft eine **plötzliche Wendung**.
In der Novelle wird wie im Drama ein **zentraler Konflikt** entfaltet, der auf dem Gegensatz von Ungewöhnlichem und Neuartigem und den gewohnten und traditionellen Vorstellungen beruht. Ein **Höhe-** und **Wendepunkt** bringt einen Umschlag der **Handlung**, die meist **linear (chronologisch)** verläuft. Der **Zufall** spielt dabei in vielen Novellen eine zentrale Rolle. Die Handlung klingt am Schluss häufig aus, indem die **Zukunft** der Figuren nur **angedeutet** wird. Auch durch ihre **Geschlossenheit** im Aufbau ähnelt die Novelle der Bauform des Dramas.

1. Lies den Beginn der Novelle „Kleider machen Leute" von Gottfried Keller.

Gottfried Keller: Kleider machen Leute (Anfang)

An einem unfreundlichen Novembertage wanderte ein armes Schneiderlein auf der Landstraße nach Goldach, einer kleinen reichen Stadt, die nur wenige Stunden von Seldwyla entfernt ist. Der Schneider trug in seiner Tasche nichts als einen Fingerhut, welchen er, in Ermangelung irgendeiner Münze, unablässig zwischen den Fingern drehte, wenn er der Kälte wegen die Hände in die Hosen
5 steckte, und die Finger schmerzten ihm ordentlich von diesem Drehen und Reiben. Denn er hatte wegen des Falliments[1] irgendeines Seldwyler Schneidermeisters seinen Arbeitslohn mit der Arbeit zugleich verlieren und auswandern müssen. Er hatte noch nichts gefrühstückt als einige Schneeflocken, die ihm in den Mund geflogen, und er sah noch weniger ab, wo das geringste Mittagbrot herwachsen sollte. Das Fechten[2] fiel ihm äußerst schwer, ja schien ihm gänzlich unmöglich, weil
10 er über seinem schwarzen Sonntagskleide, welches sein einziges war, einen weiten dunkelgrauen Radmantel[3] trug, mit schwarzem Samt ausgeschlagen, der seinem Träger ein edles und romantisches Aussehen verlieh, zumal dessen lange schwarze Haare und Schnurrbärtchen sorgfältig gepflegt waren und er sich blasser, aber regelmäßiger Gesichtszüge erfreute.
Solcher Habitus[4] war ihm zum Bedürfnis geworden, ohne dass er etwas Schlimmes oder Betrüge-
15 risches dabei im Schilde führte; vielmehr war er zufrieden, wenn man ihn nur gewähren und im Stillen seine Arbeit verrichten ließ; aber lieber wäre er verhungert, als dass er sich von seinem Radmantel und von seiner polnischen Pelzmütze getrennt hätte, die er ebenfalls mit großem Anstand zu tragen wusste.
Er konnte deshalb nur in größeren Städten arbeiten, wo solches nicht zu sehr auffiel; wenn er wan-
20 derte und keine Ersparnisse mitführte, geriet er in die größte Not. Näherte er sich einem Hause, so betrachteten ihn die Leute mit Verwunderung und Neugierde und erwarteten eher alles andere, als dass er betteln würde; so erstarben ihm, da er überdies nicht beredt war, die Worte im Munde, also dass er der Märtyrer seines Mantels war und Hunger litt, so schwarz wie des letztern Sammetfutter. […]

[1] veraltet für: Bankrott, Zahlungseinstellung
[2] altes Wort aus der Sprache der wandernden Handwerksbursche für Betteln
[3] kreisförmig geschnittener Umhang
[4] Verhaltensweise; hier: Aussehen, Erscheinungsbild

2. 📑 Übernimm die folgende Tabelle. Unterstreiche entsprechende Textstellen mit unterschiedlichen Farben und fülle die Tabelle in Stichworten aus. Arbeite im Heft.

Ort (Wo?)	Zeit (Wann?)	Handlung (Was passiert?)	Figur (Wer?)	Vorgeschichte (Warum?)
Landstraße, ...				

3. Formuliere mit eigenen Worten, worin die vermutliche Krisensituation des Schneiders besteht.

_____

_____

_____

_____

_____

4. Beschreibe, in welchem Verhältnis das Erscheinungsbild des Schneiders zu seiner Lage steht.

_____

_____

_____

_____

Gottfried Keller: Kleider machen Leute (Auszug)

[…] Als er bekümmert und geschwächt eine Anhöhe hinaufging, stieß er auf einen neuen und bequemen Reisewagen, welchen ein herrschaftlicher Kutscher in Basel abgeholt hatte und seinem Herren überbrachte, einem fremden Grafen, der irgendwo in der Ostschweiz auf einem gemieteten oder angekauften alten Schlosse saß. Der Wagen war mit allerlei Vorrichtungen zur Aufnahme des
5 Gepäcks versehen und schien deswegen schwer bepackt zu sein, obgleich alles leer war. Der Kutscher ging wegen des steilen Weges neben den Pferden, und als er, oben angekommen, den Bock wieder bestieg, fragte er den Schneider, ob er sich nicht in den leeren Wagen setzen wolle. Denn es fing eben an zu regnen, und er hatte mit einem Blicke gesehen, dass der Fuß-
10 gänger sich matt und kümmerlich durch die Welt schlug. Derselbe nahm das Anerbieten dankbar und bescheiden an, worauf der Wagen rasch mit ihm von dannen rollte und in einer kleinen Stunde stattlich und donnernd durch den Torbogen von Goldach fuhr. Vor dem ersten Gasthofe,
15 zur Waage genannt, hielt das vornehme Fuhrwerk plötzlich, und alsogleich zog der Hausknecht so heftig an der Glocke, dass der Draht beinahe entzweiging. Da stürzten Wirt und Leute herunter und rissen den Schlag auf; Kinder und Nachbarn umringten den prächtigen Wagen, neugierig
20 welch ein Kern sich aus so unerhörter Schale enthülsen werde […]

5. Lies die Fortsetzung der Novelle „Kleider machen Leute" (Seite 35) und überlege, wie sich die Geschichte weiterentwickeln könnte. Schreibe deine Vermutungen in wenigen Sätzen auf.

6. Eine Schülerin hat den Inhalt der Novelle „Kleider machen Leute" zusammengefasst. Beurteile die sprachliche Gestaltung. Überarbeite den Text mithilfe von Scharnierwörtern, um Zusammenhänge zu verdeutlichen. Arbeite im Heft.

An einem regnerischen Novembertag wandert der arbeitslose Schneidergeselle Wenzel Strapinski von Seldwyla nach Goldach. Der Kutscher einer prächtigen Kutsche hält neben ihm. Er nimmt ihn mit nach Goldach. Sie fahren am Gasthaus „Zur Waage" vor. Die aufwändige Kutsche hat den Wirt auf den Plan gerufen. Wenzel Strapinski steigt in seiner vornehmen Kleidung aus. Der Wirt hält ihn deshalb für einen Grafen. Er bekommt das beste Essen aufgetischt und das edelste Zimmer angeboten. Strapinski hat ein schlechtes Gewissen. Er hat aber auch Hunger. Er bleibt also im Gasthaus. Die hohen Herren von Goldach beobachten Strapinski beim Essen. Sie halten ihn auch für einen Grafen. Man lädt ihn auf das Gut des Amtsrats ein. Dort spielt Strapinski mit den Männern Karten. Er gewinnt eine ansehnliche Summe Geld. Er möchte mit dem Geld seine Schulden bezahlen und Goldach verlassen. Dann lernt er Nettchen kennen. Sie ist die Tochter des Amtsrats. Am gleichen Abend verliebt sich Strapinski noch in Nettchen. Im Hotel bringen ihm die Goldacher Kaufleute teure Kleidung vorbei. Strapinski ist nämlich ohne Gepäck angereist. Den Schneider plagen nun noch mehr Gewissensbisse. Er hat Glück. Er spielt einige Zeit in der Lotterie und gewinnt Geld. Er will damit seine Schulden begleichen. Er spielt aber auch die Rolle des Grafen weiter. So kann er mit Nettchen zusammen sein und um sie werben. Er hält sogar um ihre Hand an. Mit dem Geld aus der Lotterie richtet er eine große Verlobungsfeier in einem Gasthaus aus. Eine Faschingsgesellschaft der Schneider aus Seldwyla ist ebenfalls da. Sie führen für das Paar einen Tanz auf. Dabei tritt auch der ehemalige Dienstherr Strapinskis auf. Er entlarvt Strapinski als armen Schneider. Strapinski ist am Boden zerstört. Er flüchtet ohne wärmende Kleidung in die eiskalte Winternacht. Nettchen macht sich auf die Suche nach ihm. Sie findet Strapinski halb erfroren im Schnee liegen. Die beiden fahren zu einem Bauernhof. Hier sprechen sie sich aus. Trotz aller Unterschiede heiraten sie. Sie bekommen Kinder und leben einige Jahre in Seldwyla. Strapinski wird ein wohlhabender Kaufmann. Später ziehen sie wieder nach Goldach. Sie werden von allen hoch geachtet.

7. Formuliere mit eigenen Worten den Wendepunkt der Novelle.

Die Zeitgestaltung untersuchen

In Erzähltexten kann der Erzähler die Handlungsschritte in zeitlicher Reihenfolge (**chronologisch**), aber auch im **Rückblick** oder in **Vorausdeutungen** erzählen.

Einzelne Ereignisse werden besonders **hervorgehoben**, andere **ausgespart** oder nur **knapp dargestellt**.

Die Zeitgestaltung erkennst du an dem **Verhältnis** zwischen **erzählter Zeit** und **Erzählzeit**.

Erzählte Zeit: die Zeitspanne der erzählten Handlung, z. B. einige Jahre

Erzählzeit: die Dauer des Erzählens oder Lesens, z. B. 3 Stunden

Zeitdehnung: Die Erzählzeit ist länger als die erzählte Zeitspanne (Geschehen erscheint besonders intensiv).

Zeitraffung: Die Erzählzeit ist kürzer als die erzählte Zeitspanne (Überblick über längeren Zeitraum).

1. Schätze, wie viel Zeit du benötigst, um 48 gedruckte Seiten zu lesen.

2. Betrachte die folgende Darstellung zur Zeitgestaltung in „Kleider machen Leute" und gib an, in welchem Zeitraum die Novellenhandlung stattfindet.

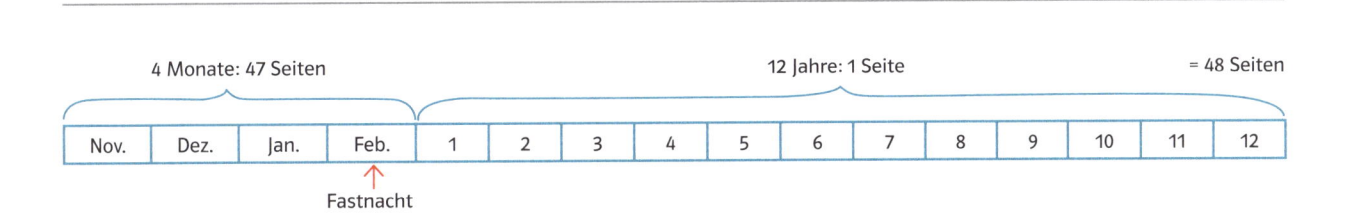

3. Erläutere das Verhältnis von Erzählzeit und erzählter Zeit in der Novelle. Arbeite im Heft.

4. Vergleiche die beiden folgenden Textauszüge aus „Kleider machen Leute". Entscheide, bei welchem Abschnitt es sich um Zeitdehnung und bei welchem es sich um Zeitraffung handelt, und begründe. Arbeite im Heft.

A *Strapinski hat sich wegen Nettchen zum Bleiben in Goldach entschlossen und versucht, sich eine besonders vornehme Verhaltensweise abzuschauen.*

[…] Nun war der Geist in ihn gefahren. Mit jedem Tage wandelte er sich, gleich einem Regenbogen, der zusehends bunter wird an der vorbrechenden Sonne. Er lernte in Stunden, in Augenblicken, was andere nicht in Jahren, da es in ihm gesteckt hatte, wie das Farbenwesen im Regentropfen. Er beachtete wohl die Sitten seiner Gastfreunde und bildete sie während des Beobachtens zu einem Neuen und Fremdartigen um; besonders suchte er abzulauschen, was sie sich eigentlich unter ihm dächten und was für ein Bild sie sich von ihm gemacht. […]

B *Strapinski wird auf seiner Verlobungsfeier durch die Seldwyler Schneidergesellschaft entlarvt.*

[…] In diesem Augenblicke ging die Musik in eine wehmütig ernste Weise über, und zugleich beschritt eine letzte Erscheinung den Kreis [der Verlobungsgesellschaft], dessen Augen sämtlich auf sie gerichtet waren. Es war ein schlanker junger Mann in dunklem Mantel, dunklen, schönen Haaren und mit einer polnischen Mütze; es war niemand anders als der Graf Strapinski, wie er an jenem Novembertage auf der Straße gewandert und den verhängnisvollen Wagen bestiegen hatte. Die ganze Versammlung blickte lautlos gespannt auf die Gestalt, welche feierlich schwermütig einige Gänge nach dem Takte der Musik umhertrat, dann in die Mitte des Ringes sich begab, den Mantel auf den Boden breitete, sich schneidermäßig darauf niedersetzte und anfing ein Bündel auszupacken. […]

Das Erzählverhalten untersuchen

Schülerbuch S. 114 ■ Erzählverhalten

Das Geschehen in einem erzählenden Text kann in der **Ich-** oder der **Er-/Sie-Erzählform** dargestellt werden. Der Ich- oder Er-/Sie-Erzähler nimmt jeweils eine unterschiedliche **Position zum Geschehen** ein und lenkt damit die Wahrnehmung des Lesers. Dies bezeichnet man als **Erzählverhalten**.
Auktoriales Erzählverhalten: Der Erzähler ist **allwissend**. Er hat einen Überblick über die Handlung und das Innere der Figuren. Er steht außerhalb des Geschehens und kann Ereignisse oder Figuren kommentieren und bewerten.
Personales Erzählverhalten: Der Leser erfährt das Geschehen **aus der Sicht** einer Figur (Perspektivfigur). Seine Wahrnehmung ist auf die Sicht dieser Figur beschränkt. Der Erzähler ist somit Teil des Geschehens.
Neutrales Erzählverhalten: Der Erzähler ist nicht fassbar. Der Leser erfährt die Handlung **unmittelbar**.

1. Lies den folgenden kurzen Auszug aus „Kleider machen Leute" und bestimme Erzählform und Erzählverhalten. Erläutere anhand von Textstellen, woran du das erkannt hast.

Gottfried Keller: Kleider machen Leute (Auszug)

[…] Strapinski brachte zur Verlobung Brautgeschenke, welche ihn die Hälfte seines zeitlichen Vermögens kosteten; die andere Hälfte verwandte er zu einem Feste, das er seiner Braut geben wollte. Es war eben Fastnachtszeit und bei hellem Himmel ein verspätetes glänzendes Winterwetter. Die Landstraßen boten die prächtigste Schlittenbahn, wie sie nur selten entsteht und sich hält, und Herr Strapinski veranstaltete darum eine Schlittenfahrt und einen Ball in dem für solche Feste beliebten, stattlichen Gasthause […]

_____

_____

_____

_____

_____

_____

2. Ordne die Merkmale auf der linken Seite dem jeweiligen Erzählverhalten auf der rechten Seite zu. Orientiere dich an dem Beispiel.

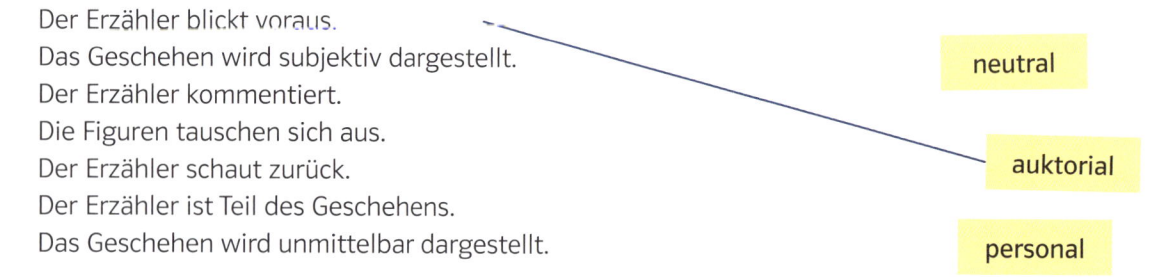

Der Erzähler blickt voraus.
Das Geschehen wird subjektiv dargestellt.
Der Erzähler kommentiert.
Die Figuren tauschen sich aus.
Der Erzähler schaut zurück.
Der Erzähler ist Teil des Geschehens.
Das Geschehen wird unmittelbar dargestellt.

neutral

auktorial

personal

Das kannst du jetzt! ☆

🌐 Training
interaktiv
Erzählende Texte
3475tg

Gottfried Keller: Kleider machen Leute (Auszug)

Als Strapinski der Kutsche entstiegen ist, wird er vom Wirt des Gasthofs zum Speisen gedrängt.

[…] Nun wurde die Forelle aufgetragen, mit Grünem bekränzt, und der Wirt legte ein Stück vor. Doch der Schneider, von Sorgen gequält, wagte in seiner Blödigkeit nicht, das blanke Messer zu brauchen, sondern hantierte schüchtern und zimperlich mit der silbernen Gabel daran herum. Das bemerkte die Köchin, welche zur Türe hereinguckte, den großen Herren zu sehen, und sie sagte zu
5 den Umstehenden: „Gelobt sei Jesus Christ! Der weiß noch einen feinen Fisch zu essen, wie es sich gehört, der sägt nicht mit dem Messer in dem zarten Wesen herum, wie wenn er ein Kalb schlachten wollte. Das ist ein Herr von großem Hause, darauf wollt' ich schwören, wenn es nicht verboten wäre! Und wie schön und traurig er ist! Gewiss ist er in ein armes Fräulein verliebt, das man ihm nicht lassen will! Ja ja, die vornehmen Leute haben auch ihre Leiden!" […]
10 Als der Gast von dem eingeschenkten Weine wiederum aus bösem Gewissen ganz kleine Schlücklein nahm, lief der Wirt voll Freuden in die Küche, schnalzte mit der Zunge und rief : „Hol' mich der Teufel, der versteht's, – der schlürft meinen guten Wein auf die Zunge, wie man einen Dukaten auf die Goldwaage legt!" „Gelobt sei Jesus Christ!", sagte die Köchin, „Ich hab's ja behauptet, dass er's versteht!"
15 So nahm die Mahlzeit denn ihren Verlauf, und zwar sehr langsam, weil der arme Schneider immer zimperlich und unentschlossen aß und trank und der Wirt, um ihm Zeit zu lassen, die Speisen genugsam stehenließ. […] und als die Pastete von Rebhühnern erschien, schlug die Stimmung des
20 Schneiders gleichzeitig um, und ein fester Gedanke begann sich in ihm zu bilden. „Es ist jetzt einmal, wie es ist!", sagte er sich, von einem neuen Tröpflein Weines erwärmt und aufgestachelt; „nun wäre ich ein Tor, wenn ich
25 die kommende Schande und Verfolgung ertragen wollte, ohne mich dafür satt gegessen zu haben! Also vorgesehen, weil es noch Zeit ist! Das Türmchen, was sie da aufgestellt haben, dürfte leichtlich die letzte Speise sein,
30 daran will ich mich halten, komme was da wolle! Was ich einmal im Leibe habe, kann mir kein König wieder rauben!" […]

1. 📖 Lies den Textauszug und erläutere den Konflikt, in dem sich der Schneider befindet. Unterstreiche die Stelle im Text, die einen Wendepunkt darstellt, und beschreibe die Wendung mit eigenen Worten. Arbeite im Heft.

2. Markiere Textstellen, die Hinweise auf das Erzählverhalten geben. Bestimme Erzählform und Erzählverhalten.

3. 📖 Stell dir vor, der Wirt erzählt das Geschehen rückblickend einem Freund, nachdem er die Wahrheit über Strapinski erfahren hat. Schreibe seine Worte auf. Überlege dir dabei, ob der Wirt entrüstet oder selbstkritisch ist, ob er dem Schneider gegenüber Verständnis aufbringt oder nicht. Arbeite im Heft.

○ **EXTRA: Üben**

Das Erzählverhalten untersuchen

Gottfried Keller: Kleider machen Leute (Auszug)

Wenzel Strapinski wird auf seiner eigenen Verlobungsfeier durch seinen ehemaligen Dienstherrn, der verkleidet mit einem Karnevalszug der Schneider aus Seldwyla unterwegs ist, entlarvt und bloßgestellt.

„Ei ei ei ei!" rief [er] mit weithin vernehmlicher Stimme und reckte die Arme gegen den Unglücklichen aus, „sieh da den Bruder Schlesier, den Wasserpolacken! Der mir aus der Arbeit gelaufen ist, weil er wegen einer kleinen Geschäftsschwankung glaubte, es sei zu Ende mit mir. Nun es freut mich, dass es Ihnen so lustig geht und Sie hier so fröhlich Fastnacht halten! Stehen Sie in Arbeit zu Goldach?" – Zugleich gab er dem bleich und lächelnd dasitzenden Grafensohn die Hand, welche dieser willenlos ergriff [...], während der Doppelgänger rief: „Kommt, Freunde, seht hier unsern sanften Schneidergesellen, der wie ein Raphael aussieht und unsern Dienstmägden, auch der Pfarrerstochter so wohl gefiel, die freilich ein bisschen übergeschnappt ist!"

☐ Der Erzähler ist allwissend und hat einen Überblick über die Handlung und das Innere der Figuren.

☐ Der Erzähler ist Teil des Geschehens und berichtet aus der Perspektive einer Figur.

☐ Der Erzähler ist nicht fassbar und die Handlung wird unmittelbar erfahrbar.

1. Lies den kurzen Textauszug aus „Kleider machen Leute". Kreuze die auf den Textauszug zutreffende Aussage an. Notiere, um welches Erzählverhalten es sich handelt.

_____

2. Im Folgenden wird die Situation aus der Sicht von Strapinski dargestellt. Fülle die Lücken aus, indem du die Verben an passender Stelle einsetzt. Achte auf die richtige Zeitform. Orientiere dich an dem Beispiel. Überlege, welches Erzählverhalten die eingesetzten Verben deutlich machen.

Strapinski _nahm_ die Worte seines Gegenübers nur noch als ein Rauschen _wahr_ .

Er _____ in sich _____ und _____ sich immer elender. Die

Worte seines Doppelgängers _____ ihm wie schmerzhafte Nadelstiche. Augen-

blicklich _____ ihm _____, dass er vor Nettchen und der ganzen Goldacher Ge-

sellschaft bloßgestellt war. Im gleichen Moment _____ er, dass sie ihn so sicher

nicht mehr heiraten wollte. Dabei _____ er eine tiefe Trauer und

_____ die Tränen in sich aufsteigen. Plötzlich _____ es ihn nur noch fort.

| wahrnehmen | zusammensinken | fühlen | erscheinen |

| klarwerden | empfinden | spüren | treiben | begreifen |

Die Zeitgestaltung untersuchen

3. Der folgende kurze Textauszug beginnt mit direkter Rede und wird in indirekter Rede fortgesetzt. Überlege, was die indirekte Rede in den unterstrichenen Sätzen bewirkt. Kreuze die zutreffende Aussage an.

Wenzel Strapinski spricht sich mit Nettchen aus.

[…] „Es ist alles so gekommen, wie ich Ihnen jetzt der Wahrheit gemäß erzählen will", antwortete er und <u>sagte ihr, wer er sei und wie es ihm bei seinem Einzug in Goldach ergangen. Er beteuerte besonders, wie er mehrmals habe fliehen wollen, schließlich aber durch ihr Erscheinen selbst gehindert worden sei, wie in einem verhexten Traum.</u> […]

☐ Mithilfe der indirekten Rede wird das vergangene Geschehen zusammengefasst.

☐ Mithilfe der indirekten Rede wird das vergangene Geschehen in allen Einzelheiten wiedergegeben.

4. Wandle die folgenden Sätze in indirekte Rede um.

„Ich bin ein armer Schneider und kein Graf."

Er gesteht, dass _____

_____

„Ich will Nettchen nicht verlieren."

Er versichert, dass _____

_____

5. Mithilfe von Zeitadverbien kann die zeitliche Abfolge von Ereignissen deutlich gemacht werden. Suche aus dem Wortgitter zwölf Zeitadverbien heraus und schreibe sie auf. Orientiere dich an dem Beispiel.

Z	U	E	R	S	T	W	E	R	F	D	R	E	W	P	O	I	J	H	J
W	E	G	L	K	H	J	D	D	A	N	N	F	G	Ö	Ä	P	O	I	E
S	E	I	T	D	E	M	H	G	Ö	P	O	L	K	J	U	E	R	R	T
O	B	B	V	L	K	Z	U	N	Ä	C	H	S	T	O	K	A	Ä	L	Z
F	G	H	T	L	Ö	P	P	Ü	K	T	R	S	P	Ä	T	E	R	M	T
O	G	G	F	S	C	H	L	I	E	ß	L	I	C	H	K	P	P	T	U
R	F	D	A	N	A	C	H	G	Z	U	R	Ü	Ö	L	K	J	U	Z	T
T	H	J	J	K	L	O	A	S	D	F	G	U	Z	W	N	U	N	L	Ö
V	G	L	P	D	A	R	A	U	F	H	I	N	K	L	Ö	P	O	M	N
H	G	F	D	S	Ä	Ö	L	K	T	R	E	W	F	F	R	Ü	H	E	R

zuerst, _____

_____

Den Zusammenhang von Inhalt, Sprache und Form untersuchen

> Schülerbuch S.144 ff. ■ Inhalt, Sprache, Form

Auffällige **bildliche, sprachliche** und **formale Mittel** unterstützen die **inhaltliche Aussage** eines Gedichts. Um zu einer schlüssigen **Deutung** zu gelangen, musst du diese Mittel erkennen und im **Zusammenhang** mit dem **Inhalt** betrachten.

Ein **Symbol** ist ein für einen Kulturkreis festgelegtes bildliches Zeichen, bei dem ein **Bild** mit einem **Gedanken** verbunden wird.
„Herz" → Liebe
Bei einer **Inversion** weicht die Satzgliedstellung von der üblichen Abfolge ab, um die **Aufmerksamkeit** auf die Wörter am Satzanfang zu lenken.
Dich habe ich gesucht.
Ein **Parallelismus** besteht aus Wiederholung(en) von **Wortfolgen** und/oder **Satzbauformen** in aufeinanderfolgenden Sätzen. Dadurch wird deren inhaltliche Aussage im **Gesamtzusammenhang** verstärkt.
Verloren die Stunden? Verlassen die Orte? Vergessen die Menschen?

Typische **Aufbaumuster** von Gedichten sind:
Ringstruktur: Wiederholung von Gedanken/Bildern am Anfang und Ende.
Antithetik: Gegensätzliche Gedanken/Bilder betonen den **Gegensatz** in der Aussage.

Hans Magnus Enzensberger: Inventur (2009)

Er hatte einen fast garantiert echten de Chirico,
hie und da eine Depression, die besten Aussichten,
einen Onkel in Neuseeland, aber keine Zeit,
einen Ara, aber nicht alle Tassen im Schrank,
5 was noch, ach ja, mehrere Geliebte hatte er auch,
Höhenangst, nicht der Rede wert, Hühneraugen,
Zwillinge und Bedenken, überhaupt hatte er alles,
ein Herz, eine Rente, sogar ein Familiengrab,
und noch allerhand vor. Nur manchmal

10 hatte er alles satt.

Hans Magnus Enzensberger
*11.11.1929

Giorgio de Chirico
(10.07.1888 – 20.11.1978), italienischer Maler

1. Schlage den Begriff „Inventur" in einem Wörterbuch nach und lies das Gedicht von Hans Magnus Enzensberger. Erkläre die Bedeutung des Gedichttitels.

_____

_____

_____

_____

_____

Die zwei Masken (Giorgio de Chirico)

2. Bei einer Inventur werden Vermögenswerte und Schulden ermittelt. Fülle auf Grundlage des Gedichtes „Inventur" die Waagschalen in der folgenden Abbildung. Überlege dabei, was vielleicht in beide Waagschalen gelegt werden könnte und welche Seite wohl schwerer wiegt. Ziehe eine Schlussfolgerung.

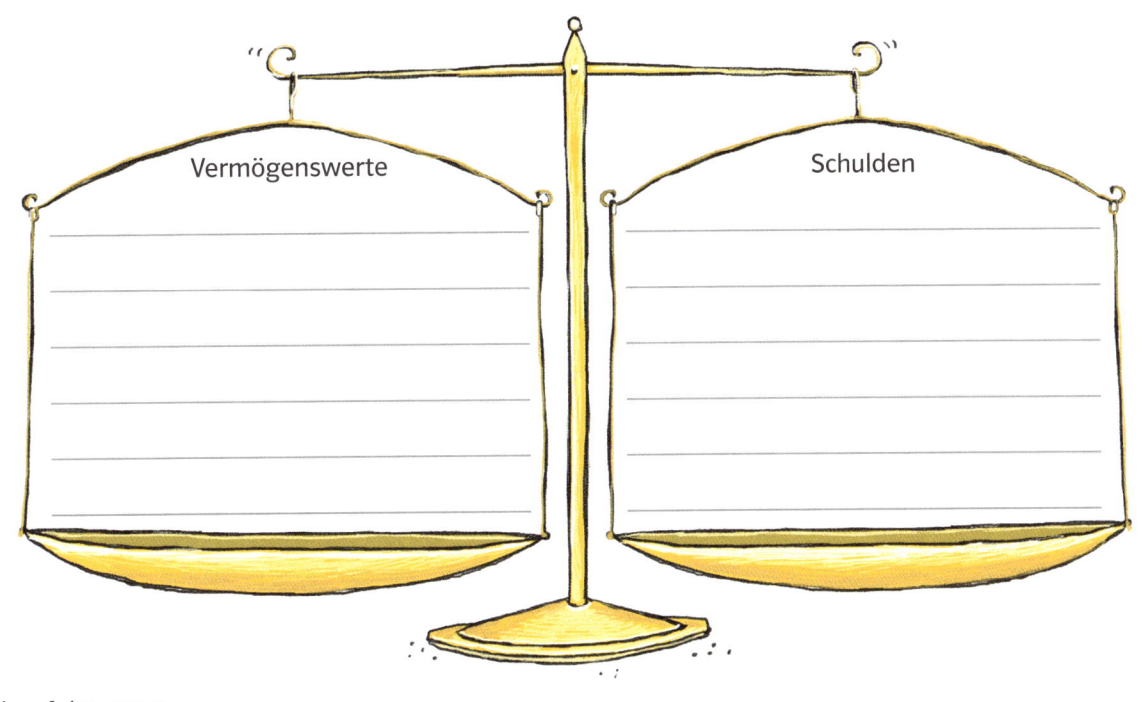

Vermögenswerte

Schulden

Schlussfolgerung: _____

_____

_____

3. 📖 Stelle zwischen der nicht vorhandenen strophischen Gliederung, der metrischen und reimlichen Ungebundenheit sowie dem formalen Aufbau der Antithetik und dem Inhalt des Gedichts eine Beziehung her. Formuliere zusammenhängende Sätze. Arbeite im Heft.

4. Aus dem letzten Satz: „Nur manchmal hatte er alles satt." (V. 9 f.), wird ein Teil als einzelner Vers herausgelöst. Beschreibe die Wirkung, die sich daraus ergibt.

_____

_____

_____

5. Der letzte Satz beginnt mit einer Inversion (V. 9). Vergleiche ihn mit den beiden folgenden Satzvarianten und erkläre daraufhin seine Aussage im Gedicht.

Er hatte nur machmal alles satt. / Alles satt hatte er nur manchmal.

_____

_____

_____

_____

Biografische und historische Aspekte zur Deutung nutzen

Schülerbuch S. 150 ff. ■ biografische, historische Aspekte

 Informationen über **Autor/in** und **Entstehungszeit** können die Deutung eines Gedichts erweitern. Kläre dabei, wie sich der **biografische Hintergrund** auf Thema, Situation oder Stimmung des Gedichts auswirkt, ob der Autor/die Autorin eigene Erlebnisse distanziert, verallgemeinernd, unmittelbar darstellt und welche Fakten des **historischen Kontexts**, z.B. Denkweisen, Gefühle und Einstellungen, geschichtliche Hintergründe, in die Deutung einbezogen werden müssen.

Günter Eich: Inventur (1945/46)

Dies ist meine Mütze,
dies ist mein Mantel,
hier mein Rasierzeug
im Beutel aus Leinen.

5 Konservenbüchse:
Mein Teller, mein Becher,
ich hab in das Weißblech
den Namen geritzt.

Geritzt hier mit diesem
10 kostbaren Nagel,
den vor begehrlichen
Augen ich berge.

Im Brotbeutel sind
ein Paar wollene Socken
15 und einiges, was ich
niemand verrate,

so dient es als Kissen
nachts meinem Kopf.
Die Pappe hier liegt
20 zwischen mir und der Erde.

Die Bleistiftmine
lieb ich am meisten:
Tags schreibt sie mir Verse,
die nachts ich erdacht.

25 Dies ist mein Notizbuch,
dies meine Zeltbahn,
dies ist mein Handtuch,
dies ist mein Zwirn.

> **Günter Eich**
> (01.02.1907 – 20.12.1972) war nach Ende des Zweiten Weltkriegs als Unteroffizier der deutschen Wehrmacht von April bis Sommer 1945 in amerikanischer Kriegsgefangenschaft.

1. Lies das Gedicht von Günter Eich und ergänze den Lückentext zum ersten Eindruck und zur Beschreibung der äußeren Form. Wähle dazu aus den Vorgaben die passenden Wörter und Wortgruppen aus.

Das Gedicht erweckt einen _____ ,

wirkt _____ . Es besteht aus _____ .

Jeder Vers umfasst _____ . Das Gedicht folgt _____

_____ und es enthält _____ .

28 Versen in sieben Strophen   keinem durchgängigen Metrum   vier Hebungen

ruhigen und bedachten Eindruck   zwei Hebungen   26 Versen in sieben Strophen   keinen Reim

einem durchgängigen Trochäus   einen Paarreim   einfach, sicher und unverrückbar

gelangweilten und ablehnenden Eindruck   kompliziert, unsicher und traurig

2. 📃 Notiere Stichpunkte zu den unten stehenden Deutungsaspekten. Nutze neben dem Gedicht selbst auch die Informationen zum Autor. Du kannst außerdem eigenständig zur Entstehungszeit und der Situation nach Ende des Zweiten Weltkriegs recherchieren. Arbeite im Heft.

lyrische Situation

lyrischer Sprecher

Haltung/Stimmung

Umgang des Autors mit seinen Erlebnissen

historischer Kontext und biografischer Hintergrund

3. Fülle die Tabelle aus, indem du die in dem Gedicht aufgezählten Besitztümer den Oberbegriffen zuordnest. Einige Begriffe können auch mehrfach aufgeführt werden. Gib für deine Eintragungen in die letzte Spalte jeweils eine Begründung an.

Kleidung und Pflege	Schlafstätte	Nützliches	Wertvolles*

*mit besonderer Bedeutung für den lyrischen Sprecher

Begründungen für die letzte Spalte: _____

_____

_____

4. Formuliere eine Inhaltsangabe, in der auch der formale Aufbau erfasst wird.

_____

_____

_____

_____

_____

5. Überlege, welche thematischen Gesichtspunkte hinter dieser Inventur stecken, und kreuze an.

☐ mit der Vergangenheit abrechnen ☐ einen Lebenssinn besitzen

☐ genug zum Überleben haben ☐ sich als „Mensch" wahrnehmen

☐ die momentane Lage annehmen ☐ die momentane Lage verwerfen

Christa Reinig: Mein besitz (1964)

Ich habe einen mantel in die jackentasche zu stecken
  einen taschenmantel
ich habe ein radio in die jackentasche zu stecken
  ein taschenradio
5 ich habe eine bibel in die jackentasche zu stecken
  eine taschenbibel
ich habe gar keine solche jacke mit taschen [...]

ich habe eine schnapsflasche mit zwölf gläsern für mich
  und alle meine onkels und tanten
10 ich habe eine kaffeekanne mit vier tassen für mich
  und meine drei besten freundinnen
ich habe ein schachbrett mit schwarzen und weißen steinen
  für mich und einen freund
ich habe gar keine freunde einzuladen
15   niemanden

ich habe einen himmel endlos über mir
  darunter mich wiederzufinden
ich habe eine stadt voll straßen endlos
  darin mir zu begegnen
20 ich habe ein lied endlos und endlos
  darin ein- und auszuatmen
ich habe nicht mehr als ein gras zwischen zwei pflastersteinen
  nicht mehr zu leben

> **Christa Reinig**
> (06.08.1926 – 30.09.2008) war im Zweiten Weltkrieg Fabrikarbeiterin und anschließend Trümmerfrau, auch ihr Gedicht bezieht sich unmittelbar auf die Zeit nach Kriegsende.

1. Lies das Gedicht „Mein besitz" und formuliere in wenigen Sätzen deinen ersten Eindruck. Vergleiche ihn mit der Wirkung des Gedichts von Günter Eich (Seite 44). Arbeite im Heft.

2. Beschreibe den formalen und inhaltlichen Aufbau des Gedichts von Christa Reinig genau. Beachte dabei den Unterschied zwischen den markierten und nicht markierten Versen. Arbeite im Heft.

3. Suche die Symbole in der ersten Strophe des Gedichts, die den folgenden Bedeutungen entsprechen, und schreibe sie auf.

_____ → ordentliches Erscheinungsbild

_____ → Verbindung zur Außenwelt/Information

_____ → Glaube als Quelle der Kraft

4. Stelle eine Deutungshypothese zu dem Gedicht „Mein besitz" von Christa Reinig auf und begründe sie. Untersuche dabei vor allem die Bedeutung der letzten beiden Verse. Arbeite im Heft.

5. Überprüfe deine Deutungshypothese mithilfe von Informationen über die Entstehungszeit des Gedichts und das damalige Zeitgefühl. Du kannst dazu eigenständig Recherchen anstellen.

● Das kannst du jetzt! ☆

⊕ Training
interaktiv
Gedichte
7456h5

Mascha Kaléko: Inventar (aus dem Nachlass)

1
Haus ohne Dach
Kind ohne Bett
Tisch ohne Brot
5 Stern ohne Licht.

2
Fluß* ohne Steg
Berg ohne Seil
Fuß ohne Schuh
10 Flucht ohne Ziel.

3
Dach ohne Haus
Stadt ohne Freund
Mund ohne Wort
15 Wald ohne Duft.

4
Brot ohne Tisch
Bett ohne Kind
Wort ohne Mund
20 Ziel ohne Flucht.

1907 wurde Mascha Kaléko als Kind jüdischer Eltern in Galizien geboren. 1914, zu Beginn des Ersten Weltkrieges, übersiedelte die Familie nach Deutschland, um Verfolgungen zu entgehen. Dort wurde der Vater als feindlicher Ausländer interniert. Mascha litt unter dem Verlust des Vaters und der Heimat, prägend war das Gefühl der „Verlorenheit".
1918 erfolgte ein Umzug nach Berlin, hier feierte sie literarische Erfolge. Mit der Machtergreifung der Nationalsozialisten gerieten ihre Bücher auf die „Liste schädlichen und unerwünschten Schrifttums". 1938 emigrierte die Dichterin mit Mann und Kind nach Amerika, wo sie sich nicht heimisch fühlte. 1959 zog sie dem Mann zuliebe nach Israel, auch dort blieb sie einsam, unbekannt und fühlte sich fremd. 1968 starb ihr Sohn, 1973 starb ihr Mann, Mascha Kaléko starb 1975 während einer Reise in Zürich.

* Achtung: alte Rechtschreibung

1. Lies das Gedicht „Inventar" von Mascha Kaléko und die biografischen Angaben zur Autorin. Überprüfe, ob es möglich ist, die Strophen mit verschiedenen Lebensstationen in Verbindung zu bringen. Markiere die biografischen Informationen, die Hintergrund der Gedichtaussage sein könnten.

2. Überlege ausgehend von deiner Deutung, wann das Gedicht entstanden sein könnte.

3. Vergleiche dieses Gedicht von Mascha Kaléko mit dem von Günther Eich auf Seite 44. Notiere neben den inhaltlichen auch formale Gemeinsamkeiten und Unterschiede. Schreibe in die folgende Tabelle.

Gemeinsamkeiten	Unterschiede	
	Eich	Kaléko

EXTRA: Üben

Kurt Drawert: Zweite Inventur (für Günter Eich, Auszug)

[…]

3 Meter entfernt: Ein Schrank.
                   Ein Tisch.
                   Ein Stuhl.
5   Ein Karton
für Notizen, Belege, Rechnungen.
                   Das Bett.

2 Meter entfernt: Ein Schrank.
                   Ein Tisch.

10 Auf dem Fensterbrett stehen Bücher,
    Bücher stehen auf der Erde,
    auf den Tischen 1 und 2.
    Unter den Tischen Körbe
    mit schmutziger Wäsche.
15 Zwischen den Körben, im Koffer,
    der auf dem Fußboden steht,
    wo gebrauchte Fahrscheine liegen,
    zerknüllte Seiten, begonnene und verlorene
    Sätze, die Schreibmaschine.

20 Das ist mein Zimmer.

    […]

1. Lies den Auszug aus dem Gedicht von Kurt Drawert und erläutere die Form des ersten Teils (V. 1–9).

_____

_____

_____

_____

2. Ab Vers zehn verändert sich die Bauform des Gedichts. Beschreibe, worin der Unterschied zum ersten Teil des Gedichts besteht. Achte dabei auf den Satzbau. Vergleiche die Wirkung beider Teile.

_____

_____

_____

_____

_____

_____

_____

_____

_____

3. 📑 Forme den ersten Teil des Gedichtauszugs (Seite 48) so um, dass er in der Form dem zweiten Teil (ab V. 10) ähnelt. Nutze dazu deine Erkenntnisse aus Aufgabe 2. Arbeite im Heft.

4. 📑 Verfasse ausgehend von dem folgenden Bild ein Parallelgedicht zu dem Auszug von Kurt Drawert (Seite 48). Arbeite im Heft.

5. 📑 „Das ist mein Zimmer" lautet der letzte Vers des Gedichtauszugs (Seite 48). Stell dir dein eigenes Zimmer vor und führe eine Bestandsaufnahme durch. Ordne dafür den folgenden Oberbegriffen Unterbegriffe zu. Du kannst auch eigene Oberbegriffe hinzufügen. Verfasse ein eigenes Gedicht. Arbeite im Heft.

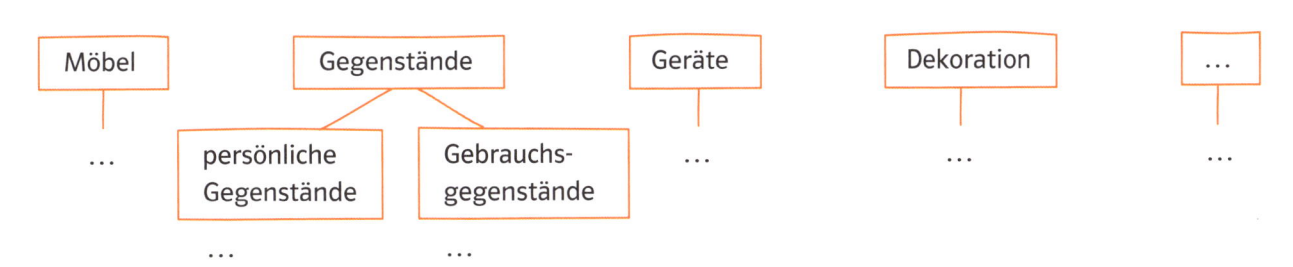

Dramatische Texte untersuchen

Die Funktion der Exposition erkennen

Schülerbuch S. 160 f. ■ Exposition

Den Beginn eines dramatischen Textes nennt man **Exposition**. Sie zeigt die **Situation** und die Verhältnisse, aus denen sich ein Konflikt entwickelt. **Dialoge** und **Regieanweisungen** geben euch erste Hinweise:
– Wer sind die **Hauptfiguren**? Welche **Eigenschaften** haben sie? Welche **Figurenkonstellation** liegt vor?
– An welchem **Ort** und zu welcher **Zeit** spielt die **Handlung**?
– Gibt es einen zentralen **Handlungsstrang**? Werden **mögliche Konflikte** angedeutet?

Lutz Hübner: Creeps (Anfang)

Die Studiodekoration einer Musiksendung. Auf der hinteren Wand eine Videoleinwand, ein Graffiti „Creeps". Ein altes Sofa, Stehlampe Siebziger, ein Couchtisch, auf dem ein Funkmikro liegt, ein rotes Signallicht (Baustellenlampe). Zwei Sessel, ein Sideboard mit Früchten, Kaffeekanne, Wasserflaschen etc. […]
Das Licht auf der Bühne zieht auf.
Nach einiger Zeit kommt Petra herein, stellt ihre Tasche ab, sieht sich um, lächelt, wartet.

Petra: Hallo, ich bin jetzt da!
Sie setzt sich aufs Sofa.
Petra: Super Musik, auch ein geiles Video, kenn ich.
Sie geht noch mal nach draußen, sieht auf dem Türschild
5 *nach, kommt wieder herein. Die Musik endet.*
Petra: Ist doch hier wegen Creeps, moderieren und so, oder?
Sie sieht sich noch mal um, bemerkt dann den Schriftzug „Creeps". Sie lacht verlegen.
10 **Petra:** Oh Mann, alles klar, sieht mir echt ähnlich. Cooles Graffiti, echt.
Maren erscheint in der Tür, stutzt, sieht auf das Türschild.
Maren: Bin ich hier richtig wegen der Sendung Creeps?
15 **Petra:** Ja klar.
Sie zeigt auf das Graffiti.
Guck mal, habe ich auch eben erst gesehen, echt typisch. Aber es sagt einem ja auch keiner was. Egal. Ist ja auch noch nicht ganz halb, okay. Also
20 ich bin Petra, hallo, ja.
Komm rein, sag ich jetzt einfach mal so. […]
Maren: Und was machst du?
Petra zeigt auf das Graffiti.
Petra: Na, Creeps.
25 **Maren:** Das mach ich.
Stille.
Petra: Also, die haben bei mir angerufen und so.

Maren: Bei mir auch.
Petra: Das wusste ich nicht.
Maren: Ich auch nicht. 30
Petra: Vielleicht machen wir das ja zusammen oder so. Gibt's ja öfters.
Maren: Ich weiß nicht, was sie dir gesagt haben.
Petra: Da kommt ja bestimmt gleich jemand.
Maren: Aber du hast auch ein Videoband geschickt. 35
Petra: Ja klar.
Lilly kommt herein.
Maren: Guten Tag. Hallo, ich bin Maren Terbuyken, wir haben da gerade ein Problem. Wir sind wegen der Moderation da … 40
Lilly: Na? Habt ihr auch eine message gekriegt?
Maren: Ich wurde angerufen.
Lilly: „Du bist es! Du! Du! Du! Ganz fette Glückwünsche von uns allen und bis bald."
Maren *irritiert*: Ja, genau, jetzt sieht es aber so aus, 45 als ob …
Lilly: Genau das haben die mir auch gesagt. Regt euch ab, ich gehöre nicht zu dem Laden.
Petra: Versteh ich nicht.
Lilly setzt sich. 50
Lilly: Das hier ist ein Casting.
Petra: Aber ich hab doch eine Zusage gekriegt, das ist Fakt.
Lilly: Das ist eine Endauswahl. […]

1. Lies den Beginn des Dramas „Creeps" von Lutz Hübner und notiere Angaben zu den folgenden Punkten.

Ort: _Hamburg,_

Zeit: _____

Figuren: _____

Handlung: _____

_____

Erwartungen der Figuren: _____

_____

2. Unterstreiche mit unterschiedlichen Farben Textstellen, die Auskunft über die Figuren geben. Lege für jedes Mädchen eine Rollenkarte an, indem du die folgenden Vorgaben durch deine eigenen Vorstellungen ergänzt. Arbeite im Heft.

Petra Kowalski,
16 Jahre alt, Outfit modisch mit einem leichten Schlag ins Prollige, Rucksack. Kein Dialekt, aber eine sächsische Sprachmelodie …

Lilly Marie Teetz,
17 Jahre alt, schwarzes Kostüm, sehr schick, aber trendy, hohe Schuhe (Plateau), dezent geschminkt, Latextasche mit Noppen, MP3-Player …

Maren Terbuyken,
29.02.1989 geboren, 17 Jahre alt, lange Haare, modisch, alternativ, Naturstoffe, nicht figurbetont, ungeschminkt, voll gepackte Sporttasche …

3. Skizziere das Bühnenbild des Studios. Lege fest, welche Position die drei Figuren am Ende des Szenenauszugs (Seite 50) auf der Bühne einnehmen könnten. Du kannst jede Figur mit ihrem Anfangsbuchstaben kennzeichnen.

4. Beschreibe die Stimmung zwischen den Figuren und gib Textstellen als Belege an.

_____

_____

_____

Die Entwicklung und den Höhepunkt des Konflikts untersuchen

Schülerbuch S. 162 ff. ■ Konflikt

In einem Drama ist der entstehende und sich entwickelnde **Konflikt** ein wichtiger Teil des Aufbaus von Handlung und Figurenkonstellationen. Durch **Handlungen** oder **Aussagen** der Figuren verschärft sich der Konflikt bis zu einem **Höhepunkt**. Anhand folgender Fragen kannst du die Konfliktentwicklung untersuchen: Welche Handlungen **verschärfen** den Konflikt? Ist die Verschärfung **beabsichtigt**? Ändern sich die **Figurenbeziehungen**? Wie zeigen sich die Verschärfung und der Höhepunkt des Konflikts in der **Sprache**? Werden besonders starke **Gefühle** der Figuren deutlich? Welche **Folgen** hat der Höhepunkt?

Lutz Hübner: Creeps (Ausschnitt)

Der Aufnahmeleiter Arno steuert das Geschehen aus dem Off. Die Mädchen erhalten verschiedene Aufgaben. Sie sollen eine Selbstdarstellung, eine Moderation und ein Interview improvisieren.
[…] Helles Kameralicht, ein Jingle, die Offvoice / OV schaltet sich ein.

OV: Okay, hallo, super, dass ihr da seid, alle drei haben das Studio gefunden, der Rest ist ein Kinderspiel, okay, kleiner Scherz. […] Ich bin Arno von der Regie […]. Wir gehen das alles ganz locker an, 5 macht euch keinen Stress […].

Maren sieht sich suchend um.

Maren: Wie ist das denn? Machen wir das alle zusammen?

OV: Immer nach vorne, da ist die Kamera, okay? 10 […] Ihr seid die Show, wir drücken bloß die Knöpfe, it's all yours. Wir sind gleich wieder da, see you.

Stille. Maren beginnt Sprechübungen zu machen. Lilly schminkt sich nach, Petra macht ein paar Dehnungsübungen.

15 **Lilly:** Was gibt das denn?

Maren: Ist gut für die Artikulation.

Petra: Machst du Theater oder so?

Maren: Ja, in der Schule.

Lilly: Und du? Problemzonengymnastik?

20 **Petra:** Jazzdance.

Lilly: Ihr seid echte Cracks, was?

Maren *zu Petra*: Ich warte draußen, sagst du mir Bescheid, wenn es losgeht?

Lilly: Jetzt sei doch nicht gleich eingeschnappt. Das 25 war ein Witz, das ist meine Art, auf Touren zu kommen.

OV: Alles klar, alles im Griff, es kann losgehen. Erst mal Glückwunsch von uns allen, ich kann euch verraten, wir hatten eine Menge Demos, no shit, 30 aber nur bei euch dreien haben wir alle wow! gesagt. Ihr drei habt das, was wir brauchen, und das ist credibility. […] Dafür erst mal ein fetter Applaus. *Applaus wird eingeblendet.*

Okay, wir probieren mal ein paar Sachen durch, ganz easy. […] Wenn die rote Kanne da leuch- 35 tet, läuft die Maz, dann seid ihr auf Sendung. […] Okay, wir fangen an. Who are you? Basics, erzählt doch einfach mal, wer ihr seid. Maren? […]

Maren: Also wer ich bin, nur sagen jetzt mal oder …

OV: Up to you, schmeiß dich rein und wichtig: Lo- 40 cker bleiben!

Maren: Also so über mich?

OV: Okay, Maz ab.

Das rote Licht beginnt zu leuchten. Maren geht einen Schritt nach vorne, weiß offensichtlich nicht, wie sie beginnen soll. […] 45
Maren will anfangen, ein Jingle. Sie setzt erneut an.

Maren: Hallo Leute, ich bin Maren, hallo und willkommen, ich find's klasse, dass ihr dabei seid … willkommen bei Creeps, der neuen Sendung, ich bin aus Hamm, ich bin siebzehn und Löwe … Sie 50 stockt. […]

Petra: Ich würde gern was machen. […]

Musik wird eingespielt, Petra tanzt eine kleine Nummer, geht dann ein paar Schritte nach vorne.

Petra: Leute, das ist der Supersound, den ihr ab jetzt 55 immer hier hören könnt, wir haben die Topcharts, die heißesten Abtanznummern und alle News, die euch wirklich interessieren. Ich bin Petra aus Chemnitz oder, wie die richtigen Insider sagen, KM Stadt, kultig und modern, die heißeste Stadt 60 im wilden Osten. Ich grüße alle Clubbers da draußen! […] Ich und die Jungs hier präsentieren euch die neuesten Megatrends, alles, was läuft, hier ist immer was los bei Creeps. […]

Sie macht noch ein paar Tanzschritte, Pose. 65

OV: Große Klasse, Petra, du hast echt Power.

Petra: Danke, vielen Dank, hat auch echt Spaß gemacht.

Lilly: Willst du noch auf den Händen laufen oder
70 kann ich dann?

OV: Okay Lilly, wir sind mächtig gespannt.

Sie geht nach vorne, setzt sich eine Sonnenbrille auf. […]

Das rote Licht leuchtet. Lilly zeigt auf die Kamera.

Lilly: He du, ja du, ich rede mit dir.
75 Leg die Fernbedienung weg.
Du bist genau da, wo du hinwolltest. Du bist bei
Creeps! Du wolltest doch in die high energy zone,
wo du dir die Charts und die wirklich wichtigen News runterladen kannst. Dazu jede Menge
80 Tipps, Tratsch und die Trends fürs aktuelle Millennium.
[…]

OV: Große Klasse, Lilly. […]

Maren: Ich würde es gern noch mal probieren. […]
85 **OV:** […] Wir machen ein Interview, allright? […]

Lilly soll Maren interviewen. Als sie nicht gleich reagiert, übernimmt Petra.

Lilly: Petra, hör mal, halblang, ja? Das war eigentlich
meine Runde. Ich weiß ja nicht, wie das bei euch
da drüben läuft, aber so munter vordrängeln ist 90
nicht. Wir können das auch auf die harte Tour
machen.

Petra: Du wolltest doch nicht.

Lilly: Ich sollte das Interview machen.

Maren: Also wenn du mir nicht zuhörst. Wenn du 95
es nicht nötig hast, mir zuzuhören.

Lilly: Ja, entschuldige, dass ich dir nicht fasziniert
zugehört habe.

Maren: Wir haben hier alle die gleichen Chancen.
Das hier ist nicht nur dein Casting. 100

Lilly: Dann hör auch auf, ständig zu fragen, ob du es
noch mal machen darfst.

Sie schnipst.
Ich! Ich! Ich, Herr Lehrer. […]

---

1. Lies den Ausschnitt aus „Creeps" und markiere Textstellen, die auf die Entstehung eines Konfliktes zwischen den Mädchen hinweisen. Beachte auch die Regieanweisungen.

2. 📋 Erkläre, wie sich die Figuren in den einzelnen Situationen des Textausschnitts verhalten und welche Umstände den Konflikt fördern. Stelle fest, zwischen wem die Auseinandersetzung am deutlichsten wird. Arbeite im Heft.

3. 📋 Beurteile, wie Arno (die Offvoice) sich in dieser Szene den Mädchen gegenüber verhält, und nimm Stellung dazu. Belege dabei deine Meinung mit Textbeispielen. Arbeite im Heft.

4. 📋 Untersuche die Sprache von Arno und kläre dir unbekannte Begriffe. Unterstreiche mit verschiedenen Farben je ein Textbeispiel für Jugendsprache, Anglizismen und Fachbegriffe. Beschreibe, wie Arnos Sprache auf dich wirkt. Arbeite im Heft.

Lutz Hübner: Creeps (Ausschnitt)

Lilly interviewt Maren. […]

Lilly: Ja, hallo Maren, live bei uns im Studio. Wir
haben ja vorhin im Porträt gehört, dass du dich
für Umweltschutz engagierst, dich mit Esoterik
beschäftigst, Theater … ich habe so den Eindruck,
5 dass du versuchst, den Dingen auf den Grund zu
gehen.

Maren: Ja, ich finde es wichtig, dass man nicht nur
auf die Oberfläche achtet, in der Gesellschaft und
10 auch bei Menschen, mit denen man es zu tun
hat, sondern dass man rauskriegt, was das für ein
Mensch ist, dass man sich respektiert, sich von

Ängsten befreit und versucht, hinter die Maske zu
sehen. Das ist extrem wichtig.

Lilly: Also weg von den Lügen, der Verstellung, den 15
Trends …

Maren: Genau.

Lilly: Wo ist denn da die Gefahr für dich?

Maren: Dass man sich irgendwann mit diesem Modezeug verwechselt und nicht mehr weiß, was 20
man wirklich will.

Lilly: Und warum bewirbst du dich dann bei einer
Show, die Mode, Musik und Trends vermitteln
will?

25 *Maren schweigt, sieht irritiert in Richtung Kamera. [...]*

Lilly: Was sagt denn deine Familie dazu?

Maren: Meine Mutter ... die ... ja ... ja, mal sehen. Ist das wichtig?

Lilly: Und in der Schule drücken alle kräftig die 30 Daumen?

Maren schüttelt den Kopf, sie beginnt zu zittern.

Maren: Doch. Schon. Ich weiß nicht.

Lilly: Aber dein Freund, oder?

Maren: Hab ich nicht. [...]

35 **Lilly:** Letzte Frage: Sag doch mal, warum glaubst du, dass du für diesen Job richtig bist.

Maren *zur Kamera*: Ich will diese Frage nicht.

OV: Das ist doch eine gute Frage, oder?

Stille.

40 **Maren:** Weil ich ...

Sie bricht ab, Stille.

Lilly: Okay, und jetzt Musik. Danke, Maren.

Maren steht auf, geht zurück zum Sofa, Petra steht auf.

OV: Okay, Petra, interviewst du Lilly?

45 [...]

Petra: Unterstützen das deine Eltern, dass du dich beworben hast?

Lilly: Vielleicht stell ich mich erst mal kurz vor. Ich bin Lilly Marie Teetz hier aus Hamburg, aber 50 nenn mich einfach Lilly. Hallo Petra.

Petra: Hallo Lilly.

Lilly: Ich hab schon immer mit Medien zu tun gehabt, mein Vater ist art director bei ... 'ner ziemlich guten Adresse. Ich interessiere mich für Mode, ich 55 mag Musik, das passt alles wunderbar zusammen, also, warum nicht.

Petra: Hast du einen Freund?

Lilly: Ich will mal in den Staaten Journalismus studieren. Da lohnt es sich nicht, hier noch ein Herz 60 zu brechen, long distance-Beziehungen, da hat keiner was von, höchstens die Telekom.

Petra: Und was für Musik hörst du gerne?

Lilly *zur Kamera*: Das ist doch ein bisschen öde, oder? Wollen wir nicht was Verrücktes machen, Petra?

Petra: Ja, klar. 65

Lilly: Machen wir es auf Englisch?

Petra überlegt.

Petra: What music are your hearing? [...]

Petra: Warum hast du das gemacht?

Lilly: Was denn? Das englische Interview? Ganz einfach. Copy kills. Nur meine Fragen nachplappern ist ein bisschen arm. 70

[...]

Maren: So eine Arroganz hab ich noch nie erlebt, so eine Gemeinheit, du eitle Schnepfe, Hauptsache 75 du, egal, was andere Leute machen ...

Lilly *laut*: Das ist ein Casting! Hier geht es um einen Job! Kriegt ihr das nicht in die Birne? Das ist keine Klassenfahrt mit Schnitzeljagd, das ist ein Job beim TV. [...] Was wollt ihr denn in der Sendung 80 machen? Sackhüpfen? Ihr müsst mal checken, dass ihr was bringen müsst!

Maren: Darum geht es doch nicht, du verlogenes Miststück, das weißt du genau!

Lilly: Worum geht es denn? Worum? 85

Maren: Diese Scheißfragen nach meiner Mutter, nach der Schule, du hast mich reingeritten, mit voller Absicht.

Lilly *schreit*: Du stehst doch auf Theater, [...] dann lüg doch. Das ist denen doch scheißegal, ob deine 90 Eltern geschieden sind oder nicht, lass doch die Psychokacke. Wo ist denn das Problem, wenn du ein Loser in der Schule bist, ist das meine Schuld? [...] Du blöde Fotze, ist das mein Problem, wenn du kaputt bist? 95

Maren geht auf Lilly los, ohrfeigt sie, Lilly schreit. Petra geht dazwischen. Maren will wieder zuschlagen.

Petra: Aufhören, sofort!

Petra trennt die beiden, Maren bricht zusammen, beginnt hysterisch zu heulen. 100

Lilly: Bist du verrückt? Du bist ja total verrückt!! Du gehörst doch in die Klapse!!

Petra: Halt die Schnauze! Hau ab! Lass sie doch in Ruhe! [...]

---

1. 📝 Beschreibe Lillys Verhalten in den beiden Interviews. Erläutere, welche Folgen ihr Auftreten für den weiteren Verlauf des Geschehens hat. Arbeite im Heft.

2. 📝 Stelle in einem Flussdiagramm dar, wie sich Marens Gefühle während des Interviews mit Lilly (Zeilen 8–41) entwickeln. Achte auf Marens Sprache und die Regieanweisungen. Arbeite im Heft.

3. Der Streit zwischen den Mädchen erreicht seinen Höhepunkt. Markiere für jede Figur eine Aussage, die den Höhepunkt des Konflikts deutlich widerspiegelt.

Das kannst du jetzt! ☆

🌐 **Training interaktiv**
Dramatische Texte
u9zu2v

Nach dem Streit zwischen Maren und Lilly ändert sich das Verhältnis der Mädchen zueinander. Sie beginnen über sich und ihre Motive für dieses Casting zu sprechen.

Lilly: Brauchst du den Job?
Petra: Ich weiß nicht, ich hab halt gedacht, irgendwie hab ich nie dran geglaubt, ich hab ja 'ne Lehrstelle, bin ja auch heilfroh, die wäre dann ja weg, also so gesehen, aber dass man mal was erlebt, bevor es losgeht.

Maren *zu Lilly*: Weißt du, was passiert, wenn ich nach Hause komme? Mit meiner Mutter, die allen erzählt hat, dass ich beim Fernsehen bin? Allen? Meine Maren ist doch nicht die blöde Nuss, die in der Schule durchrasselt und die man zum Schulpsychologen schicken muss. Nein, die ist beim Fernsehen, die haben angerufen, sie hat es geschafft!

Lilly: Ich kann so lange raus wie ich will, ich muss nur das Handy angeschaltet lassen. Ich kann mit dem Taxi von hier bis Wunderland fahren, ich kann die Quittungen meinem Vater geben. Wenn ich in den Ferien arbeiten will, ruft mein Vater irgendwo an und ich habe einen Superjob. Ich komm überall rein, wenn ich meinen Namen sage. Das hier ist meins, verstehst du?

---

1. 📑 Unterstreiche in den Textausschnitten, wie Petra, Maren und Lilly ihre Bewerbung begründen. Erkläre daraufhin für eine Figur deiner Wahl ihr Verhalten während des Höhepunkts. Arbeite im Heft.

2. 📑 Lies den Auszug. Fasse das Geschehen zusammen und skizziere die Figurenkonstellation im Heft.

Lutz Hübner: Creeps (Ausschnitt)

[…] **Lilly:** Ich weiß ja nicht, wie lange das hier für mich dauern wird, aber wenn noch Zeit ist, können wir ja noch in die Stadt, einen Kaffee trinken.
Maren: Ich hab Zeit, viel Zeit.
5 **Petra:** Also ich will gleich zurück, ich will …
Die Offvoice ist zu hören, mitten in ein Gespräch reingeschnitten, jemand ist auf die Gegensprechtaste gekommen.
OV *gackernd*: … oder unsere Hanseatenzicke, das Gesicht, close up, Hey Lilly of the valley, wir haben
10 uns entschieden, wir drehen dir einen Henkel in den Kopf und verklappen dich bei den teletubbies, mach mal ah-oooh!! … aber voll sexy *Gelächter* Und wisst ihr was? Wenn das Vatertier mal wieder die Leitung vollsülzt, sagen wir einfach: Herr
15 Teetz, beruhigen Sie sich, alles im grünen Bereich. Ihre Tochter ist gebucht, all down the Elbchaussee und der Frotteepuschel von Gucci *Gelächter* Super, super!!!! …
Die Übertragung bricht abrupt ab.

Stille. 20
Keine der drei rührt sich.
Lilly steht auf, läuft auf und ab, Petra und Maren rücken zur Seite, Lilly setzt sich zu ihnen auf das Sofa. Stille.
Lilly: Gibst du mir mal meine Tasche?
Maren und Petra stehen auf, kurzer Moment, Petra setzt 25 *sich wieder, Maren geht zur Tasche und hebt sie auf.*
Lilly: Oder nur die Zigaretten.
Maren holt die Zigarettenschachtel aus der Tasche.
Maren: Feuer hast du?
Lilly: Muss auch drin sein. 30
Maren sucht das Feuerzeug, bringt dann Zigaretten und Feuerzeug. Lilly nimmt sie, steckt sich eine Zigarette in den Mund, bekommt das Feuerzeug nicht an, versucht es einige Male, wirft dann das Feuerzeug in hohem Bogen gegen die Wand, spuckt die Zigarette aus. Petra hebt sie auf, steckt sie 35 *wieder in die Packung, will aufstehen, um das Feuerzeug zu holen.*
Lilly: Lass liegen, einfach liegen lassen. […]

3. 📑 Beschreibe, in welchem emotionalen Zustand sich die Mädchen nach dem Gehörten befinden. Arbeite im Heft.

4. Überlege, welche Bedeutung die unbeabsichtigte Übertragung für das weitere Geschehen haben könnte.

○ EXTRA: Üben

Lutz Hübner: Creeps (Ausschnitt)

Petra: _aufgeregt_ _____ Was machen wir denn jetzt?

Petra: _____ Lilly, sag doch mal. […]

Maren: _____ Die hören uns bestimmt zu.

Lilly: _____ Also, machen wir ein biss-
5   chen Stunk, okay?
Hey! Arno! Süßer! Wir machen den Job nicht,
kapiert? […]

Maren: _____ Was wollt ihr denn?

Petra: _____ Ich will den Arsch einmal
10   sehen. […]

Lilly: _____ Hey Arno! Drei Mädchen
warten sehnsüchtig auf dich, lass uns noch mal
deine Superstimme hören!

OV: Ich bin ganz Ohr.

15 **Lilly:** _____ Das Casting ist gelaufen,
klar?

OV: Klar ist es das.

Lilly: _____ Du checkst ja richtig was.

OV: Klar doch.

20 **Lilly:** _____ Genug gezaubert.

OV: Klar.

Petra: _____ Wir wollen den Job nicht.

OV: Ihr wart super, wirklich.

Maren: _____ Wir machen es nicht.

25 **OV:** Ihr habt es doch gemacht.

Petra: _____ Was?

OV: Ihr seid es.

Lilly: _____ Lass stecken, ja? Die Nummer ist durch, bye bye.

OV: Ihr seid Creeps. Ist ein Kompliment.

Maren: _____ Ich gehe jetzt, ich kann
das nicht mehr hören.   30

OV: Ihr wart unser bestes Material bisher. Stern-
stunde, wirklich, sagen alle.

Lilly: _____ Ihr könnt euch andere Mo-
deratoren suchen, wir haben die Schnauze voll.

OV: Okay, jetzt kommt erst mal ein bisschen runter, 35
ihr braucht nicht mehr aufzudrehen, die Kamera
läuft nicht mehr. Wir haben ein tape, aus dem wir
einen verdammt guten Clip zaubern können, ist
alles dabei, die bunte Knabbermischung: fun and
emotion, Tränen, Wut.   40

Maren: _____ Kapiere ich nicht.

OV: Wir haben jetzt nur einen kleinen rough mix
hingekriegt, auch Zaubern dauert seine Zeit,
wollt ihr mal einen Blick reinhören? Film ab.

Lilly setzt sich, danach Petra und Maren. Das Licht geht 45
aus. Videoeinwand.

Es folgt ein Trailer aus Zitaten des Castings, auch aus den
Offzeiten, kurze Clips der Moderationen, Tanznummern.
Die Ohrfeige von Maren, ihr Zusammenbruch, alles sehr
schnell geschnitten, […] dazwischen Schnipsel aus Dialo- 50
gen, Lillys Arno! Rufe.

Eine perfekte kurze Nummer über drei sehr coole Frauen,
Liebe, Hass, Statements, Texteinblendungen etc. … […]

Gegen Ende des Clips wird der Schriftzug Creeps! einge-
blendet, dann ein Mädchen, stilistisch zwischen Björk und 55
Franka Potente.

Ansage: _Hallo Leute, hier ist Kathleen, willkommen bei_
Creeps, dem neuen Lifestylemagazin mit den etwas anderen
Tipps.
Black. […]   60

Mädchen _off voice_**:** Hallo Mädels, ich bin Kathleen,
hi. Ich hab gerade hier oben in der Regie den
rough cut angeschaut, den die gezaubert haben,
und ich muss sagen, ich bin total begeistert. Ihr
seid so was von authentisch. Das wird ein super 65
Trailer für meine Sendung. […]

1. Lies den Auszug und notiere für die Zeilen 1–41 zu Petra, Maren und Lilly jeweils eine passende Sprechweise als Regieanweisung, die die Gefühle der Mädchen widerspiegelt. Du kannst aus den Vorgaben auswählen. Orientiere dich an dem Beispiel.

aufgeregt　　warnend　　unbeteiligt　　(über)eifrig　　unsicher　　wütend

ironisch　　vorwurfsvoll　　zaghaft　　gereizt　　verlegen　　aggressiv

verärgert　　ratlos　　provozierend　　überlegen　　zornig

2. Lies die Zeilen 1–41 laut und probiere deine ausgewählten Sprechweisen für die Mädchen aus.

3. Untersuche Lillys Sprache im Hinblick auf Wortschatz und Grammatik. Markiere mindestens drei Beispiele, an denen ihre Jugendsprache deutlich wird. Kläre jeweils die Bedeutung und übertrage deine Beispiele ins Hochdeutsche. Prüfe, wie die hochdeutsche Sprache in der Szene wirken würde.

_____

_____

_____

4. Lies dir den Szenenauszug (Seite 56) noch einmal durch. Trage in die Gedankenblasen ein, was den Mädchen am Ende der Szene (ab Zeile 45) durch den Kopf gehen könnte.

Maren

Lilly

Petra

5. Übersetze das Wort „Creeps" aus dem Englischen und erläutere die Bedeutung dieses Titels.

Wortarten und grammatische Formen verwenden

 Die Wirkung grammatischer Formen in Texten beurteilen

Schülerbuch S. 196 ff. ■ grammatische Formen

Die Verwendung grammatischer Formen (z. B. Tempus, Modus) hängt vor allem von der **Textsorte** und der **Wirkungsabsicht** des Textes ab. So wird das **Präsens** zum Beispiel für Beschreibungen, Inhaltsangaben oder Gesetzestexte verwendet, das **Präteritum** für Erzählungen oder Berichte.
Der Stil eines Textes zeigt sich in **Wortwahl** und **Satzbau**. Ein lebendiger **Verbalstil** (z. B. in Erzählungen oder journalistischen Sachtexten) ist gekennzeichnet durch einen übersichtlichen Satzbau und aussagekräftige Verben. Der **Nominalstil** ist hingegen typisch für amtssprachliche Texte. Hier findest du zahlreiche Substantivierungen, bedeutungsschwache Verben (*zur Aufklärung führen* statt *aufklären*) und viele Genitivattribute. Durch komplexe Satzgefüge wird die Information verdichtet. Dies führt dazu, dass Texte im Nominalstil manchmal **schwer verständlich** sind.

1. Erweitere die einfachen Sätze zu sinnvollen Satzgefügen. Unterstreiche die Verbformen und bestimme anschließend den Modus. Orientiere dich an dem Beispiel.

a) Er segelt nach Hause.

Er segelt nach Hause, weil ein Sturm aufkommt.
  Indikativ   *Indikativ*

b) Er segle nach Hause.

_____

c) Er würde nach Hause segeln.

_____

d) Segle nach Hause!

_____

2. Ergänze mithilfe der Vorgaben den Lückentext. Nutze deine Ergebnisse aus Aufgabe 1 als Hilfestellung.

> Sprechers   ~~Modus~~   Indikativ   Konjunktiv II   Imperativ
>
> direkte Rede   unwirkliche   der Sprecher   Konjunktiv I

Der __Modus__ drückt die Einstellung des _____ zum Gesagten aus: Will er beispielsweise zu einer Handlung auffordern, verwendet er den _____. Während der _____ für Aussagen genutzt wird, von denen _____ überzeugt ist, dient der _____ dazu, _____ wiederzugeben. Will man _____ Sachverhalte auszudrücken, gebraucht man den _____.

3. Lies die folgenden Sätze und erläutere kurz die unterschiedliche Verwendung des Präsens. Orientiere dich an dem Beispiel.

a) Maria reist nach Großbritannien.

Das Präsens drückt in diesem Satz aus, dass etwas gerade passiert.

b) In einigen Jahren reist sie wieder mit ihren Eltern nach Großbritannien.

_____

c) Bis 2013 reist sie nur mit ihren Eltern.

_____

d) Jugendliche reisen heutzutage öfter allein.

_____

4. Ergänze den Kopf der Tabelle, indem du jeder Spalte die richtige Textsorte zuordnest.

Reportage   Erzählung   Gesetzestext

Textsorte	_____	_____	_____
Funktion	*Wiedergabe einer Handlung*	*Sachverhalt anschaulich darstellen*	*Festlegung von Regeln*
Wirkungsabsicht	*Spannung, Unterhaltung*	*Information, Unterhaltung*	*Befolgen von Regeln*

nach Daniel Defoe: Robinson Crusoe* (Auszug)

Robinson Crusoe kommt mit einer Plantage in Brasilien zu Geld. Als er mit dem Schiff neue Sklaven als Arbeiter aus Guinea holen will, gerät er in der Karibik in einen starken Sturm, der das Schiff auf eine Sandbank auflaufen lässt.

[...] Trotz dieser schlimmen Lage gelang es dem Steuermann, ein Boot über Bord zu lassen. Wir sprangen alle, elf an der Zahl, hinein und überließen uns der Barmherzigkeit Gottes und dem wilden Meer. <u>Denn obwohl sich der Sturm bedeu-</u>
5 <u>tend gemindert hatte, gingen die Wogen doch noch furcht-</u>
<u>bar hoch.</u> Wir sahen klar voraus, dass das Boot in den Wellen untergehen würde. Segel hatten wir nicht. Daher arbeiteten wir uns rudernd nach dem Lande hin. Uns war bewusst, dass das Boot von der Brandung in tausend Stücke zerschlagen werden würde. Gleichwohl ruderten wir mit allen Kräften unserem Verderben entgegen. Wir hatten keine andere
10 Wahl. Nach ungefähr anderthalb Meilen kam eine berghohe Welle gerade auf uns gerollt. Sie traf das Boot mit solcher Gewalt, dass sie es umwarf und uns aus demselben schleuderte. Die Verwirrung meiner Gedanken beim Untersinken ins Wasser ist unbeschreiblich. Noch ehe ich Atem schöpfen konnte, hatte mich die Welle eine ungeheure Strecke nach der Küste hingetragen. Als sie dann ins Meer zurückkehrte, sah ich mich halbtot auf dem fast trockenen Land zurückgeblieben. [...]

* Der weltberühmte englische Roman aus dem 18. Jh. erzählt die Geschichte eines Schiffbrüchigen, der viele Jahre auf einer einsamen Insel verbringt.

5. Lies den Auszug aus „Robinson Crusoe" (Seite 59) und unterstreiche alle Satzgefüge. Löse die Satzgefüge auf, indem du jeweils einen Teilsatz sinnvoll in Nominalstil umwandelst. Orientiere dich an dem Beispiel.

Denn trotz bedeutender Minderung des Sturmes gingen die Wogen doch noch furchtbar hoch.

_____

_____

_____

_____

_____

6. Entscheide, ob du Verbalstil oder Nominalstil für den Text passender findest, und begründe.

_____

_____

7. Schreibe eine Fortsetzung des Auszugs aus „Robinson Crusoe".

_____

_____

_____

_____

_____

_____

_____

_____

_____

8. Lies den folgenden Text und entscheide, ob er im Verbalstil oder Nominalstil verfasst ist. Markiere die Textstellen, an denen du das erkannt hast.

Verordnung über den Erwerb von Sporthochseeschifferscheinen

§ 7 Die Prüfung zum Erwerb des Sporthochseeschifferscheins soll zeigen, ob der Bewerber
1. ausreichende Kenntnisse der maßgebenden schifffahrtsrechtlichen Vorschriften und
2. die erforderlichen navigatorischen und seemännisch-technischen Kenntnisse für das Führen einer Yacht in der weltweiten Fahrt hat.
Die Wiederholung einer nicht bestandenen Prüfung oder einer Teilprüfung ist frühestens nach Ablauf von zwei Monaten möglich.

☆ Wortarten unterscheiden sich durch ihre **Flektierbarkeit**. Konjunktionen, Präpositionen und Adverbien zählen zu den **unflektierbaren** Wortarten, das heißt, sie sind im Satz **unveränderlich**.
Verben hingegen lassen sich konjugieren; Substantive, Artikel und Pronomen deklinieren und die meisten Adjektive kannst du steigern. Diese Wortarten sind **flektierbar**. Sie können ihre Form **verändern**, wenn sie im Satz verwendet werden.

ich gehe, du gehst
der Mann, des Mannes; mein, meinem
alt, älter, am ältesten

1. Lies den folgenden Lückentext und setze die Vorgaben an passender Stelle ein. Achte dabei auf die richtige grammatische Form der unterschiedlichen Wortarten. Orientiere dich an dem Beispiel.

nach Michael Kieffer: Gefährlicher Drang nach Freiheit

In Sydney laufen die Vorbereitungen für den Empfang der

jungen Weltumseglerin Jessica Watson _____

Hochtouren. Am Sonnabend will die 16-Jährige mit ihrer

Jacht „Ella's Pink Lady" vor Hafenkulisse mit Brücke und

Opernhaus landen – 210 Tage nach _____ Start und

drei Tage vor ihrem 17. Geburtstag. Ihr Team will 50.000

_____ mobilisieren. Watson selbst freut sich am

meisten auf eine heiße Dusche. Nicht wirklich erstaunlich.

Bemerkenswert ist etwas anderes: Als jugendliche Abenteurerin _____ Jessica Watson nicht

allein. Der 13-jährige Kalifornier Jordan Romero will den Mount Everest bezwingen. Die 14-jäh-

rige Niederländerin Laura Dekker kämpft _____ Monaten mit allen Tricks […] um die

Genehmigung ihres Solo-Segeltörns um die Welt. Junge Rekordjäger sind _____ ein

Phänomen. Forscher zeigen sich aber wenig erstaunt. „Es ist typisch, dass _____

etwas machen, bei dem sie ihre Handschrift _____", sagt Claus Tully, Professor

beim Deutschen Jugendinstitut in München. Die jungen Leute wollten sich _____

von Älteren als auch von Gleichaltrigen abgrenzen. „Und dafür greifen sie zu

_____ Mitteln."

sehen   Mensch   sein   auf   sowohl   ~~jung~~

ihr   derzeit   seit   unterschiedlich   Jugendlicher

2. Trage deine eingesetzten Wörter aus dem Lückentext in die folgende Tabelle ein. Bestimme die Wortart und die Form und ergänze die Spalten. Orientiere dich an dem Beispiel.

Wort	Wortart	Kasus	Person	Numerus	Zeitform	Steige-rungsstufe	Genus
jungen	Adjektiv	Genitiv	–	Singular	–	Positiv	femininum

3. In dem folgenden kurzen Text fehlen Adverbialbestimmungen, die genauer über die Umstände informieren. Verbessere den Text, indem du an passenden Stellen Adverbialbestimmungen einfügst. Nutze die Vorgaben.

Jessica Watson gibt sich entspannt. Das sei mit „Ella's Pink Lady" keine große Sache, schrieb sie in ihrem Blog – da war sie auf dem Ozean. Während andere 16-Jährige etwas unternehmen und sich treffen, kämpft sie mit Gewitterstürmen, zehn Meter hohen Wellen und Wasser in der Koje.

bei Windstärke acht   äußerst   gestern   mitten   gemeinsam

im Kino   dort draußen   gerne

_____

_____

_____

_____

_____

_____

Das kannst du jetzt!

Training
interaktiv
Wortarten
ep847u

nach Jessica Watson: Solo mit Pink Lady

Heute haben wir uns kaum fortbewegt. Es gab fast keinen Wind.	
	Auf die Bewölkung am Morgen folgte ein wirklich dicker Nebel. Das Aufziehen desselben war wie eine graue, feuchte Decke über der ganzen Welt.
Der Nebel war so dick, dass ich kaum 50 Meter weit sehen konnte. Es war ein ziemlich ungewöhnliches Szenario. Eingebettet in absolute Stille, gruselte ich mich fast ein wenig.	
	Das Durchgehen meiner Fantasie habe ich durch harte Arbeit zu verhindern versucht – aber die Bewegungslosigkeit erscheint unwirklich, angesichts des Rollens der hohen, langen Wellen unter uns und des Nebels um uns.

1. Lies die Textteile und ergänze im Kopf der Tabelle, ob es sich um Nominalstil oder um Verbalstil handelt.

2. Fülle die Tabelle aus, indem du die Textteile in den jeweils anderen Stil überträgst. Du kannst dabei auch umformulieren. Überlege, welchen Stil du hier bevorzugst.

3. Suche in den Textteilen jeweils zwei Beispiele für jede unten aufgeführte Wortart, unterstreiche sie mit unterschiedlichen Farben und trage sie in ihrer Grundform in die Tabelle ein.

Substantiv	Verb	Adjektiv	Adverb	Pronomen	Konjunktion

○ **EXTRA: Üben**

Die Wirkung grammatischer Formen in Texten beurteilen

nach Antonia Reimelt und Nick Deimel:
Segelndes Klassenzimmer: Mit grünen Gesichtern über der Reling (Auszug)

[…] Im Oktober legen wir mit dem Segelschiff „Thor Heyerdahl" in Kiel ab. Da klappt alles noch wie am Schnürchen. Wir, das sind 30 Schüler aus ganz Deutschland, die ein Austauschjahr auf dem Schiff verbringen. Dabei lernen wir den normalen Unterrichtsstoff und außerdem alles, was man auf hoher See können muss. Schichtweise steuern wir das Schiff rund um die Uhr. Die „Wachen" setzen sich jeweils aus zehn Schülern und zwei Mitgliedern der Stammcrew zusammen. Jeder von uns schiebt also zwei mal vier Stunden Wache am Tag, tags wie nachts. Auf diese Weise werden wir Teneriffa und die Azoren ansteuern, in Costa Rica und Belize festmachen und insgesamt 13.000 Seemeilen zurücklegen. […]

1. Lies den Text. Stell dir vor, du würdest an der Reise teilnehmen, und schreibe den Text aus dieser Perspektive auf. Achte auf die Verwendung des Konjunktivs II bzw. der Ersatzform mit „würde". Du kannst so beginnen:

Im Oktober würden wir mit dem Segelschiff „Thor Heyerdahl" in Kiel ablegen. Da _____

_____

_____

_____

_____

_____

_____

_____

_____

_____

_____

_____

2. Anita und Bert waren auf der „Thor Heyerdahl" dabei. Sie berichten über einen Sturm, den sie erlebt haben. Übertrage die Aussagen in indirekte Rede. Verwende den Konjunktiv und achte dabei auf das richtige Tempus. Ist der Konjunktiv I mit der Indikativ-Form identisch, musst du auf Konjunktiv II ausweichen.

Bert: „Das Meer veränderte sich so schnell wie ein Schwimmbecken nach dem Wellenbad-Gong: Die Wellen türmten sich immer höher auf."

Bert erzählt, dass _____
_____
_____
_____

Anita erklärt, dass _____
_____
_____
_____

Anita: „Kleine und leichte Schiffe überstehen Stürme besser, weil sie auf den Wellen schwimmen."

Wissen über Wortarten ordnen

3. Die folgenden Präpositionen können sowohl den Dativ als auch den Akkusativ verlangen. Der Dativ wird bei einer Ortsangabe (Wo?), der Akkusativ bei einer Ortsänderung (Wohin?) verlangt. Fülle die Tabelle aus, indem du die Wortgruppen richtig ergänzt. Orientiere dich an dem Beispiel.

an   auf   hinter   in   neben   über   unter   vor   zwischen

Präposition	Wohin? + Akkusativ	Wo? + Dativ
an	Franz hängt das Bild _an die Wand_ (die Wand).	Jetzt hängt das Bild _an der Wand_ (die Wand).
auf	Emma legt die Tasche _____ (der Tisch).	Jetzt liegt die Tasche _____ (der Tisch).
hinter	Marie stellt sich _____ (der Baum).	Jetzt steht Marie _____ (der Baum).
in	Susanne geht _____ (Wohnung).	Susanne ist jetzt _____ (Wohnung).
neben	Nina setzt sich _____ (Jannes).	Jetzt sitzt Nina _____ (er).
über	Er hängt die Girlande _____ (das Regal)	Jetzt hängt sie _____ (das Regal).
unter	Die Katze legt sich _____ (der Stuhl).	Jetzt liegt die Katze _____ (der Stuhl).
vor	Sie stellt die Schuhe _____ (die Tür).	Jetzt stehen die Schuhe _____ (die Tür).
zwischen	Er setzt sich _____ (die Männer).	Jetzt sitzt er _____ (sie).

Satzglieder verwenden und Satzzeichen setzen

◔ Mit Komma und Semikolon Satzstrukturen verdeutlichen

Schülerbuch S. 206 ff. ■ Komma

 Kommas erleichtern die **Lesbarkeit** und **Verständlichkeit** komplexer Sätze.
In **Satzverbindungen** trennen sie die Hauptsätze voneinander, sofern diese nicht durch „und", „oder", „sowie" verbunden sind. In **Satzgefügen** trennen Kommas den Hauptsatz vom Nebensatz und die Nebensätze untereinander ab.

Er fuhr zurück, denn er hatte alles gesehen. Er fuhr zurück, nachdem er alles gesehen hatte.

Ebenso stehen Kommas zur Abtrennung von **Infinitiv- und Partizipialgruppen**, die die Funktion von Nebensätzen übernehmen.

Er kam, um sich alles anzusehen.

Ein **Semikolon** kannst du zur Trennung von **gleichrangigen Sätzen** verwenden, wobei es stärker trennt als ein Komma, aber weniger als ein Punkt.

Er kam nach Hause; der Regen hatte ihn durchnässt.

Außerdem kannst du damit **inhaltlich zusammengehörige Gruppen** in **Aufzählungen** markieren.

Im Garten fand er Apfel- und Birnbäume; Brombeer-, Stachelbeer- und Himbeersträucher.

1. Lies die folgenden Sätze und formuliere zu jedem Satz die entsprechende Kommaregel. Die Vorgaben geben dir eine Hilfestellung. Orientiere dich an dem Beispiel.

~~Satzverbindung~~   Infinitivgruppe   Satzgefüge   Aufzählung

a) Der natürliche Treibhauseffekt ist eine Voraussetzung für das Leben auf unserem Planeten, denn ohne ihn würde die Durchschnittstemperatur auf der Erde minus 18 Grad Celsius betragen.

Satzverbindung: Hauptsätze, die nicht durch „und", „oder" oder „sowie" verbunden sind, werden durch ein Komma getrennt.

b) Die auf die Erde treffende Sonnenstrahlung wird tagsüber als Wärme gespeichert, um nachts wieder an den Weltraum abgegeben zu werden.

_____

_____

c) Ein Teil der Wärmestrahlung wird allerdings zurückgehalten, da die Atmosphäre sie wie in einem Gewächshaus reflektiert und wieder zur Erde schickt.

_____

_____

d) Bestimmte Gase in der Atmosphäre (vor allem Wasserdampf, Methan und Kohlendioxid) sind dafür verantwortlich.

_____

_____

2. Erstelle ein Merkblatt mit Kommaregeln, auf dem du im Zweifelsfall immer nachsehen kannst.

3. Lies die folgenden Sätze und ergänze die fehlenden Kommas. Markiere sie im Anschluss farbig. Orientiere dich an dem Beispiel.

a) Der Temperaturanstieg auf der Erde geht sehr langsam vor sich, ein einzelner Mensch bemerkt ihn deshalb fast gar nicht.

b) Um wirklich selbst zu spüren dass es auf der Erde wärmer wird müsste ein Mensch Jahrhunderte lang leben.

c) Dazu kommt dass wir meist nur einen Ort bewohnen.

d) Denn ob es auch in Brasilien wärmer wird kann man von Deutschland aus kaum beurteilen.

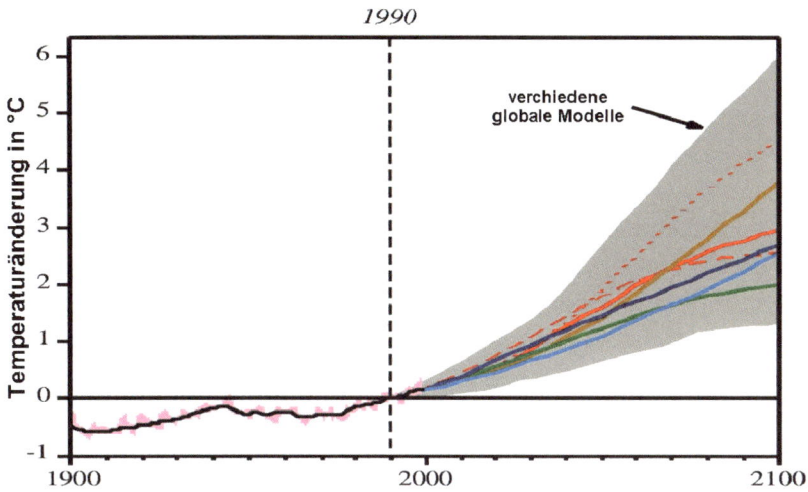

e) An den Polen schmilzt das Eis riesige Eisberge lösen sich auf und der Meeresspiegel steigt langsam an.

f) Die Folgen dieser kleinen Veränderungen zeigen sich erst nach vielen Jahren sodass sichere Informationen über den Klimawandel noch ausstehen.

4. Gib für die Kommas aus Aufgabe 3 je eine Begründung an, indem du auch die Satzstruktur darstellst. Orientiere dich an dem Beispiel.

a) *Satzverbindung: HS, HS* _____

b) _____

c) _____

d) _____

e) _____

f) _____

5. Formuliere mithilfe der Vorgaben Sätze, in denen ein Semikolon sinnvoll verwendet wird.

a) Klimawandel / Deutschland / geringe Folgen / geographische Lage / günstig

_____

_____

b) Bedrohung / Überflutung / Inseln / Kiribati* / Fidschi* / Malediven* / Helgoland** / Sylt** / Juist**

* Inseln im Pazifischen Ozean / ** Inseln in der Nordsee

_____

_____

Klammern, Gedankenstrich und Doppelpunkt verwenden

Schülerbuch S. 211 ff. ▪ Klammern, Gedankenstrich, Doppelpunkt

Mit **Klammern** oder **Gedankenstrichen** kannst du eine zusätzliche Information (z. B. attributive Zusätze oder Nachträge) vom übrigen Satz abtrennen. An diesen Stellen könnten auch Kommas stehen. Dein Schreibstil wird dadurch **abwechslungsreicher**.

Einige Regionen (z. B. kleine Inselstaaten) sind durch den steigenden Meeresspiegel bedroht.

Solche Gebiete sind stärker von einem Temperaturanstieg – und damit vom Klimawandel – betroffen als andere.

Gedankenstrich und **Doppelpunkt** sind immer dann sinnvoll, wenn etwas **angekündigt** oder **geschlussfolgert** wird oder wenn etwas vorher Gesagtes **zusammengefasst** wird.

Zu Wasser, in der Luft und an Land: Überall werden sich die Auswirkungen des Klimawandels zeigen.

Die Menschen können gegen den Klimawandel ankämpfen – jeder Einzelne ist gefragt.

Der Doppelpunkt muss außerdem vor der **wörtlichen Wiedergabe** von Äußerungen, Gedanken oder Textstellen stehen.

Viele Menschen fragen sich: „Was kann ich tun?"

Folgt auf den Doppelpunkt kein vollständiger Satz, so muss man klein beginnen.

Sie hat alles verloren: ihre Wohnung, ihren Besitz, ihre Familie.

1. Lies den Text und setze die fehlenden Satzzeichen. Entscheide, ob das folgende Wort groß- oder kleingeschrieben wird, indem du die richtige Form markierst. Die Vorgaben geben dir eine Hilfestellung.

nach Klepgen/Meinke: Stadtklima: Beispiel Hamburg

Das Klima in Hamburg☐ Und/und auch in anderen norddeutschen Großstädten☐ Hat/hat sich im Laufe der Zeit verändert ☐ Gründe/gründe dafür sind die zunehmend dichte Bebauung☐ Starke/starke Bodenversiegelung ☐ Geringe/geringe Vegetation und erhöhter Schadstoffausstoß im Vergleich zum Umland. Es entsteht ein sogenannter Wärmeinseleffekt☐ Der/der Temperaturunterschied zwischen dem dicht bebauten Innenstadtteil Hamburg St. Pauli und dem ländlich geprägten Umland☐ z. B./Z. B. an der Messstation Grambek☐ Beträgt/beträgt im Jahresdurchschnitt 1,1 °C ☐ Ein/ein Wert☐ der mit dem Wärmeinseleffekt von London vergleichbar ist☐ Obwohl/obwohl London im Vergleich zu Hamburg doppelt so viel Fläche umfasst☐ Dies/dies zeigt☐ Vor/vor allem die Dichte der Bebauung hat Einfluss auf das Ausmaß des Wärmeinseleffektes☐

Komma (4x), Punkt (2x), Klammern (2x), Semikolon (1x), Doppelpunkt (1x), Gedankenstrich (2x)

2. Kreuze an, ob in den folgenden Sätzen die markierten Satzzeichen richtig oder falsch verwendet wurden, und begründe deine Entscheidung kurz. Verbessere, wenn es nötig ist. Orientiere dich an dem Beispiel.

a) Seit 1985 steigt die Wassertemperatur der Nordsee rund um die Insel Helgoland (40 km von der Küste entfernt) besonders stark an.

☒ richtig   ☐ falsch

Eine zusätzliche Information kann mithilfe von Klammern oder auch mit Kommas in einen Satz eingefügt werden.

b) Es siedeln sich neue Arten an; die einheimische Arten immer mehr verdrängen.

☐ richtig   ☐ falsch

_____

_____

c) Je wärmer das Wasser wird: desto mehr findet eine Veränderung der Tier- und Pflanzenwelt statt.

☐ richtig   ☐ falsch

_____

_____

d) Dabei werden es aber insgesamt nicht weniger Arten – im Gegenteil: Oft trifft man eine neue Tier- oder Pflanzenart an vorher unbesiedelten Orten an.

☐ richtig   ☐ falsch

_____

_____

Attribute und Adverbialbestimmungen verwenden

Schülerbuch S. 214 f. ■ Attribute, Adverbialbestimmungen

Adverbialbestimmungen sind Satzglieder, die die **Umstände** einer Handlung oder eines Geschehens genauer angeben, z. B. *wo, wann, wie* oder *warum* etwas geschieht.
Attribute sind Teile von Satzgliedern und bestimmen ein **Bezugswort**, meist ein Substantiv, näher. Mithilfe der **Umstellprobe** kannst du Satzglieder von Satzgliedteilen unterscheiden.
Adverbialbestimmungen und auch Attribute können als **Wörter, Wortgruppen** oder **Nebensätze** auftreten.

1. Lies die Sätze a)–c) und ermittle mithilfe der Umstellprobe die einzelnen Satzglieder, indem du alle möglichen Umstellungen notierst. Trenne die Satzglieder durch senkrechte Striche voneinander ab. Orientiere dich an dem Beispiel.

a) Wetterbeobachtungen | zeigen | seit Beginn der Messungen | systematische Klimaveränderungen.

Seit Beginn der Messungen | zeigen | Wetterbeobachtungen | systematische Klimaveränderungen.

_____

_____

b) Man erkennt deutlich einen zunehmenden Anstieg der Temperatur.

c) Die Auswertungen belegen bisher eine geringere Erwärmung im Sommer und eine stärkere Erwärmung im Winter.

2. Unterstreiche in den Sätzen a)–c) alle Adverbialbestimmungen und notiere, um welche Arten es sich handelt. Orientiere dich an dem Beispiel.

a) *temporal*

b)

c)

3. Markiere in den Sätzen a)–c) alle Attribute. Orientiere dich an dem Beispiel.

4. Gestalte die folgenden Aussagen informativer und interessanter, indem du die Vorgaben als Adverbialbestimmungen oder Attribute in passender Form einfügst. Du kannst die Satzgliedstellung dabei verändern.

Durch die Landnutzung verstärkt der Mensch den Treibhauseffekt. Aufgrund von Rodungen nimmt der Wald weniger CO_2 auf.

verändert / großflächig / immer kleiner / gefährlich

Der Mensch verändert das Klima. Sein Einfluss auf die Umwelt wächst.

unwissend / so / unmittelbare / seit Mitte des 19. Jh. / unaufhörlich

● Das kannst du jetzt! ☆

Training interaktiv
Satzglieder
b9th7g

nach Irene Fischer-Bruns: Der anthropogene Treibhauseffekt

Zum natürlichen *Treibhauseffekt* kommt noch ein *anthropogener* Treibhauseffekt hinzu durch den die von der Erdoberfläche (a) <u>abgestrahlte</u> Wärme verstärkt zurückgehalten wird seit vielen Jahren beobachten Wissenschaftler eine deutliche weltweite Erwärmung die (b) <u>hauptsächlich</u> auf dieses Phänomen zurückzuführen ist Ursache für den anthropogenen Treibhauseffekt ist dass die Konzentration der *strahlungswirksamen Spurengase* (c) <u>seit Beginn der *Industrialisierung*</u> beträchtlich angestiegen ist hierbei kommt dem Gas Kohlendioxid die (d) <u>größte</u> Bedeutung zu denn der anthropogene Treibhauseffekt nimmt zu (e) <u>aufgrund der Verbrennung *fossiler Energieträger*</u>

1. Übernimm den Text und setze mithilfe der Vorgaben die fehlenden Satzzeichen. Korrigiere, wenn nötig, auch die Groß- und Kleinschreibung. Arbeite im Heft.

Punkt (3x), Komma (4x), Semikolon (1x)

2. Bestimme die unterstrichenen Satzglieder oder Satzgliedteile. Notiere bei Attributen auch das Bezugswort. Orientiere dich an dem Beispiel.

a) *abgestrahlte: Attribut zu Wärme* _____

b) _____

c) _____

d) _____

e) _____

3. Überlege, wie du die folgenden Erklärungen zu den kursiv gedruckten Wörtern in den Text einbringen würdest, und kreuze entsprechend an. Schreibe den Text in deiner erweiterten Form auf. Arbeite im Heft.

Erklärung	Nebensatz	Gedankenstrich	Klammern
Treibhauseffekt: Erwärmung der Erde, z.B. durch bestimmte Stoffe in der Atmosphäre	☐	☐	☐
anthropogen: vom Menschen geschaffen	☐	☐	☐
strahlungswirksame Spurengase: Gase, die die Wärme auf der Erde davon abhalten, wieder ins Weltall zu gelangen	☐	☐	☐
Industrialisierung: Übergang von einer landwirtschaftlichen zu einer von Industrie geprägten Lebensweise	☐	☐	☐
fossile Energieträger: energiereiche Stoffe, die vor vielen Millionen Jahren entstanden sind; bei ihrer Verbrennung entsteht CO_2	☐	☐	☐

○ **EXTRA: Üben**

Mit Kommas Satzstrukturen verdeutlichen

1. Jan hat in seinem Text über die Entstehung von Regen alle Kommas vergessen. Ergänze sie.
Gehe folgendermaßen vor:
- Markiere alle konjugierten Verben.
- Unterstreiche die Hauptsätze blau und die Nebensätze rot.
- Setze die Kommas.

Durch Sonneneinstrahlung und Wind verdampft das Wasser auf der Erde und steigt dann in ganz kleinen Tröpfchen die das bloße Auge nicht erkennen kann in die höheren Schichten der Atmosphäre auf. Da es in diesen Schichten immer kälter wird kühlt der Wasserdampf umso mehr ab je höher er in die Luft steigt. Die Wassertröpfchen die vorher fein verteilt waren schließen sich nun zu größeren Tropfen zusammen. Nach und nach entstehen sichtbare Wolken. Schließlich werden die Wassertropfen so groß und schwer dass sie wieder absinken.

Klammern, Gedankenstrich und Doppelpunkt verwenden

2. Erweitere die folgenden Sätze um die vorgegebene zusätzliche Information, indem du Klammern oder Gedankenstriche verwendest. Orientiere dich an dem Beispiel.

a) Nebel entsteht, wenn sich mit Wasserdampf gesättigte Luft abkühlt.
   mit Wasserdampf gesättigte Luft = die Luft enthält viel Wasserdampf

Nebel entsteht, wenn sich mit Wasserdampf gesättigte Luft (Luft, die viel Wasserdampf enthält) abkühlt.

b) Bei der Abkühlung der Luft kommt es zur Kondensation.
   Kondensation = aus Wasserdampf werden Wassertröpfchen

_____

_____

_____

c) Kühle Luft sinkt nach unten, daher entsteht Nebel zuerst in Tälern.
   kühle Luft = hat eine größere Dichte als warme Luft

_____

_____

_____

d) Bei starker Luftverschmutzung kann zusätzlich zum Nebel auch Smog entstehen.
   Smog = Mischung aus Nebel, Rauch, Ruß- und anderen Partikeln

_____

_____

_____

_____

Attribute verwenden

Wie Hagel entsteht

==Schwere== Hagelstürme führen über Mitteleuropa immer wieder zu größeren Schäden ==an der Umwelt==. Hagel entsteht, wenn Tröpfchen aus Wasser durch starke Winde von den niedrigen
5 und wärmeren Schichten in die kalten Frostzonen ==der Wolken== transportiert werden und dort gefrieren. Danach fallen sie als kleine Kristalle aus Eis wieder in tiefere Luftschichten und nehmen dabei neues Wasser auf. Die Aufwinde
10 bewirken, dass die Eiskristalle entgegen der Schwerkraft in der Luft gehalten und erneut in die Luftschichten, die kälter sind, befördert werden. Dieser Vorgang kann sich sehr oft wiederholen. Mit mehrmaligem Aufsteigen lagert sich von Mal zu Mal Eis ab und so werden aus winzigen Wassertröpfchen schließlich schwere Hagelkörner. Wenn sie von den Aufwinden in den Wolken nicht
15 mehr getragen werden können, stürzen sie in einem Sturm, der mitunter gewaltig sein kann, auf die Erde hinab. Da ihre Geschwindigkeit sehr groß ist, kann nicht das gesamte Eis der Körner vor dem Aufprall schmelzen. Das Ergebnis dieses Vorgangs nennt man Hagelschauer.

3. Lies den Text über die Entstehung von Hagel und markiere alle Attribute. Ordne sie anschließend in die folgende Tabelle ein. Orientiere dich an den Beispielen.

Adjektivattribut	Genitivattribut	Präpositionales Attribut	Relativsatz
schwere	*der Wolken*	*an der Umwelt*	

Eigennamen und Ableitungen von Eigennamen richtig schreiben

Schülerbuch S. 220 ff. ■ Eigennamen

Adjektive, die **Bestandteil** eines Eigennamens sind, schreibst du **groß**.

das Deutsche Rote Kreuz, die Vereinten Nationen, das Tote Meer

In **festen Wendungen**, die keine Namen sind, musst du Adjektive hingegen **klein** schreiben.

grüner Tee, die neuen Bundesländer

Von **geografischen Namen** abgeleitete Wörter auf **-er** werden **großgeschrieben**.

der Hamburger Hafen, die Berliner Mauer

Von Namen **abgeleitete Adjektive** auf **-isch** schreibst du hingegen **klein**, sofern sie nicht Bestandteil eines Eigennamens sind.

der gregorianische Kalender, französischer Käse; aber: die Sächsische Schweiz

1. Entscheide, ob du die Adjektive in den markierten Wortgruppen groß- oder kleinschreiben musst. Setze den richtigen Anfangsbuchstaben ein.

___(s/S)traßburger Sehenswürdigkeiten

Das ___(e/E)lsässische Straßburg gilt als eine der ___(s/S)chönsten Städte der Welt.

Wahrzeichen der Stadt ist das berühmte ___(s/S)traßburger Münster. Insbesondere dessen ca. 140 m

hoher Turm, die Hauptfassade sowie die Fensterrose mit 15 m Durchmesser gelten als sehenswert.

Die ___(h/H)istorische Altstadt rund um die ___(s/S)traßburger Kathedrale stellt das Zentrum und

5   das wichtigste Einkaufsviertel der ___(e/E)lsässischen Metropole dar. Das Münsterviertel befindet

sich zwischen dem Place Broglie, dem Place Gutenberg und dem Place Kléber.

Der Münsterplatz ist bekannt für die vielen ___(m/M)alerischen Fachwerkhäuser, ein besonderes

Prunkstück stellt das reich verzierte Fachwerkhaus „Maison Kammerzell" dar. Das ___(s/S)ehens-

werte Gebäude wurde im 15. und 16. Jahrhundert erbaut und ist heute ein bekanntes Speiselokal.

10 Auch zahlreiche EU-Institutionen befinden sich in der ___(f/F)ranzösischen Stadt am Rhein, wie

das Europaparlament, der Europarat oder der ___(e/E)uropäische Gerichtshof für Menschenrechte.

Das gesamte ___(s/S)tädtische Zentrum wurde von der UNESCO aufgrund der vielfältigen Archi-

tektur zum Weltkulturerbe erklärt.

Bei der ___(a/A)lten Universität erinnert die bekannte Goethe-Skulptur aus dem Jahr 1904 an

15 Goethes Studienaufenthalt in der Stadt. Erschaffen wurde sie von dem ___(d/D)eutschen Bildhauer

Ernst Waegener. Nirgendwo findet man Architektur aus dem ___(w/W)ilhelminischen Zeitalter

so gut erhalten wie in Straßburg.

2. Ordne die folgenden Wortgruppen mit richtiger Schreibung in die Tabelle ein. Überlege dabei, ob es sich um Eigennamen handelt.

der g/Große Wagen

das z/Zweite d/Deutsche Fernsehen

der b/Bayerische Wald

das r/Rote Meer

der s/Stille Ozean

die k/Kanarischen Inseln

der d/Dresdener Bürgermeister

die n/Napoleonischen Feldzüge

die i/Italienische Pizza

die p/Politische Bildung

die f/Frankfurter Börse

der n/Nürnberger Lebkuchen

die p/Pariser Metro

die d/Deutsche Bank

die m/Mailänder Mode

die p/Polnische Hauptstadt

Kleinschreibung	Großschreibung

3. Formuliere für deine Eintragungen in die Tabelle aus Aufgabe 2 die Regeln.

Kleinschreibung: _____

_____

_____

Großschreibung: _____

_____

_____

Namen von **Straßen**, **Plätzen** und **Gebäuden** schreibst du **zusammen**, wenn das **Bestimmungswort** ein **eingliedriger Personenname**, ein **Substantiv** oder ein **nicht dekliniertes Adjektiv** ist.

Goetheplatz, Bahnhofstraße, Hohlweg

Du schreibst sie **getrennt**, wenn sie ein **dekliniertes Adjektiv**, eine **Präposition** oder eine **Ableitung auf -er** enthalten.

Breite Straße, Am Neuen Schloss, Stuttgarter Allee

Mit **Bindestrich** werden die Namen geschrieben, wenn das **Bestimmungswort** ein **mehrgliedriger Personenname** ist.

Konrad-Adenauer-Platz, Carl-Maria-von-Weber-Straße, Bertolt-Brecht-Museum

4. Lies die folgenden Sätze und markiere die jeweils richtige Schreibung. Orientiere dich an dem Beispiel.

a) Leonie wohnt am (Erich Kästner Platz/<mark>Erich-Kästner-Platz</mark>/Erich Kästner-Platz/Erich-Kästner Platz).

b) Die (Allgäuer Alpen/Allgäuer-Alpen/Allgäueralpen/allgäuer Alpen) sind eine Gebirgsgruppe östlich des Bodensees.

c) Die (Thomas Mann Allee/Thomas Mann-Allee/Thomas-Mann-Allee) in München liegt direkt an der Isar.

d) Das Café in der (Berliner Straße/Berlinerstraße/Berliner-Straße) ist bei den Jugendlichen sehr beliebt.

e) Der (Genfer See/Genfersee/Genfer-See) ist der zweitgrößte mitteleuropäische See.

f) In der (Heine-Straße/Heinestraße/Heine Straße) hat ein neues Kino eröffnet.

Fehlerschwerpunkte erkennen und Texte korrigieren

Schülerbuch S. 223 ff. ■ **Korrigieren**

1. Lies die Postkarten und die E-Mail. Suche alle Rechtschreibfehler und markiere sie.

Liebe Frau Müller,
ich sende ihnen viele Grüsse aus meiner
neuen Heimat Stuttgart.
Die Schule ist in ordnung hier und wir
haben uns gut eingelebt. Heute war ich
mit Papa in der Mercedes–Benz–Arena.
Wir haben dem Vfb–Stuttgart beim
Training zu gesehen, dass war toll!
Wie geht es ihnen? Ich freue mich, wenn
sie mir bald mal schreiben.
Biss dann,
Hanno

8 Fehler

Hi Lisa,
Alles liebe aus Östereich. Wir haben
hier supper Wetter und schönen pulver
Schnee. Tina und ich haben Gestern eine
Schneeballschlacht gemacht. Das Ski-
fahren macht auch richtig Spass. Morgen
will ich mich zum ersten Mal auf ein
Snowboard wagen. Die Skilehrer sind alle
total süss und nett. Ich hoffe nur, dass
es heute nacht wieder schneit, denn die
Pisten sind schon ziemlich ab gefahren.
Auf bald! Deine Anna

11 Fehler

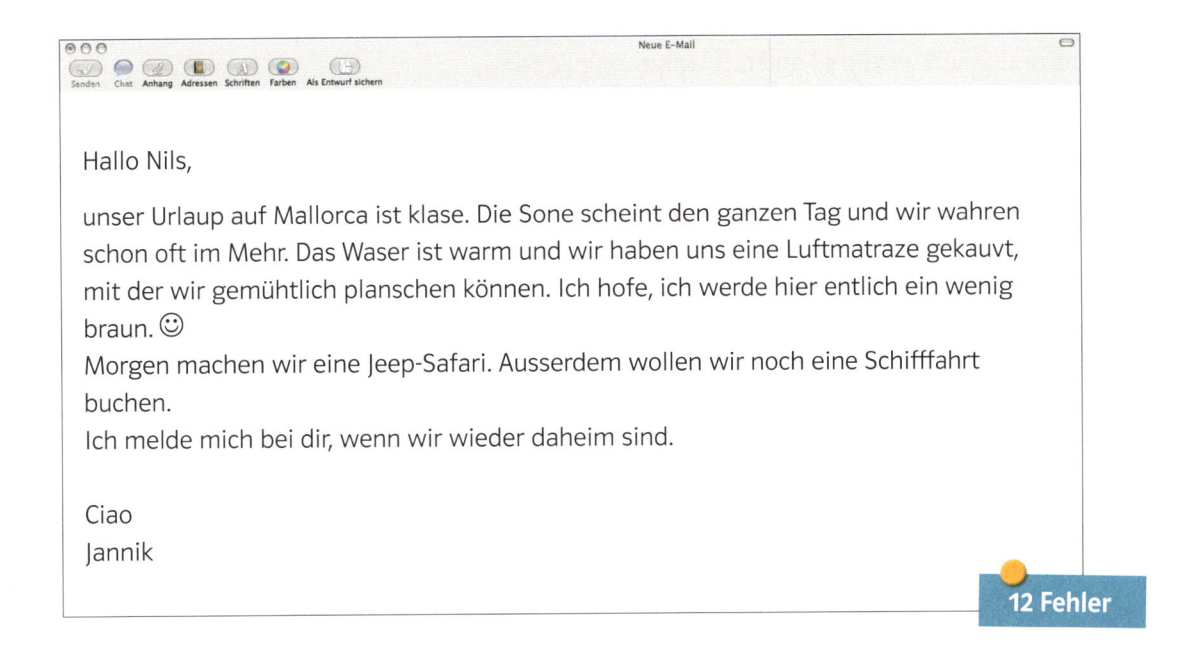

Hallo Nils,

unser Urlaub auf Mallorca ist klase. Die Sone scheint den ganzen Tag und wir wahren schon oft im Mehr. Das Waser ist warm und wir haben uns eine Luftmatraze gekauvt, mit der wir gemühtlich planschen können. Ich hofe, ich werde hier entlich ein wenig braun. ☺

Morgen machen wir eine Jeep-Safari. Ausserdem wollen wir noch eine Schifffahrt buchen.

Ich melde mich bei dir, wenn wir wieder daheim sind.

Ciao
Jannik

12 Fehler

2. Korrigiere die Fehler, die Hanno, Anna und Jannik gemacht haben.
Bestimme, um welche Fehlerarten es sich handelt, und ordne
die korrigierten Schreibungen in die Tabelle ein.

Fehlerschwerpunkte	Korrigierte Schreibung
Groß- und Kleinschreibung	
Vokallänge und -kürze	
gleich und ähnlich klingende Laute z.B. f-v-ph-pf; b-p/d-t/g-k, ä-e	
s-Laute	
das/dass	
Getrennt- und Zusammenschreibung	
Sonstige	

3. Erkläre Hanno, Anna und Jannik, wo ihre Fehlerschwerpunkte liegen, und gib ihnen Tipps, wie sie solche Fehler zukünftig vermeiden können.

Lieber Hanno,

_____

Hallo Anna,

_____

Hi Jannik,

_____

4. Lege dir eine Sammlung von Wörtern an, die du selbst häufig falsch schreibst.

● **Das kannst du jetzt!** ☆

 ⊕ Training
interaktiv
Rechtschreibung
9ck2tt

1. Lies den folgenden Text und fülle die Lücken mithilfe der Vorgaben aus. Achte auf Groß- und Kleinschreibung, Getrennt- und Zusammenschreibung und ergänze, wenn nötig, Bindestriche.

Erleben Sie Freiburg: Schritt für Schritt!

Wir beginnen unseren Stadtrundgang auf dem _____ (Rathaus/Platz) mit Altem und

Neuem Rathaus sowie der _____ (Martins/Kirche), die um 1300 als Kirche des _____

_____ (f/Franziskaner/Klosters) errichtet wurde. In der _____

(f/Franziskaner/Gasse) finden Sie das _____ (Haus/zum/Walfisch) mit

prächtigem _____ (s/Spätgotischen Portalerker). Hier wohnte einst Erasmus

von Rotterdam. Der _____ (b/Basler/Hof) liegt in der _____

_____ (Kaiser/Joseph/Straße), Freiburgs Flanier- und Einkaufsmeile. Über die

_____ (Münster/Straße) gelangen Sie zum _____ (Münster/Platz)

mit dem täglich geöffneten _____ (Münster/Markt).

Über die _____ (Herren/Straße), die _____ (Münz/Gasse)

und die _____ (Konvikt/Straße) erreicht man das _____

(Schwaben/Tor). Ganz in der Nähe befindet sich der _____ (Gasthof/zum/

r/Roten/Bären), Deutschlands ältester Gasthof. Weiter geht es zum _____

(a/Augustiner/Platz) mit dem ehemaligen Kloster der Augustinereremiten, in dem sich

das _____ (a/Augustiner/Museum) befindet. Nach wenigen Schritten gelangt

man in die _____ (m/Malerische Schneckenvorstadt) mit _____

(Gerber/Au) und _____ (Fischer/Au). Den früheren _____

(Gewerbe/Kanal) entlang erreicht man das _____ (Martins/Tor). Über die

_____ (Bertold/Straße) gelangen Sie zur _____ (a/Alten/Uni-

versität) und zum _____ (Universitäts/Viertel). Von dort kommen Sie über den

_____ (Platz/der/a/Alten/Synagoge), vorbei am _____

(Stadt/Theater) und am _____ (s/Schwarzen/Kloster), zum Colombipark, in

dem sich das _____

(a/Archäologische/Museum) befindet.

Über die _____ (Turm/Straße)

erreichen Sie schließlich das

_____ (ä/Älteste/

Ratsgebäude) Freiburgs, die so genannte

_____ (Gerichts/Laube).

○ EXTRA: Üben

Fehlerschwerpunkte erkennen

1. Schreibe den folgenden Text mit richtiger Groß- und Kleinschreibung auf.
Nutze die Artikelprobe, die Adjektivprobe und die Zerlegeprobe.

> IN UNSEREM FERIENHAUS AM MEER IST ES AUCH IM SOMMER ANGENEHM KÜHL. DAS LIEGT AN DER BAUWEISE UND DER GUTEN ISOLIERUNG. VON DER TERRASSE HAT MAN EINEN HERRLICHEN BLICK ÜBER DIE INSEL. AM LIEBSTEN LIEGE ICH IN DER HÄNGEMATTE IM GARTEN UND LESE EIN BUCH. DIE BEIDEN HOHEN KIRSCHBÄUME SPENDEN MIR SCHATTEN. ABER AUCH AM NAHEN STRAND LÄSST SICH SO MANCHER NACHMITTAG VERBRINGEN.

_____

_____

_____

_____

_____

_____

_____

_____

_____

_____

_____

_____

2. Lies die folgenden Sätze und füge die Buchstaben (b/p, d/t, g/k, eu/äu) richtig in die Lücken ein.

a) In einer Ban__ kann man h_____fig am Schalter und auch am Automaten sein

Gel__ abholen.

b) Das Mope__ muss laut hu__en, denn der Fußgänger l_____ft mitten auf der Straße, anstatt den

Gehwe__ zu benutzen.

c) Im Herbst werden die Laubb_____me im Wal__ wieder bun__.

d) Der Köni__ beobachtet den Festzu__ von seinem Balkon aus und grüßt sein Vol__.

3. Durch die Bildung von Wortverwandten kannst du Fehler bei gleich oder ähnlich klingenden Lauten vermeiden. Schreibe deine ergänzten Wörter aus Aufgabe 2 auf und bilde zu jedem Wort zwei bis drei verwandte Wörter.
Orientiere dich an dem Beispiel.

Bank – Banker, Bankgeschäft

4. Füge die vorgegebenen Verb-Verbindungen in die Sätze ein und entscheide, ob du getrennt oder zusammenschreiben musst. Gib jeweils eine kurze Begründung an.
Orientiere dich an dem Beispiel.

a) Bei seinem Hörtest kann Juri die leisen Geräusche kaum _wahrnehmen_ (wahr/nehmen).

Durch die Verbindung von dem Adjektiv „wahr" und dem Verb „nehmen" entsteht eine neue Gesamtbedeutung, deshalb wird das Verb zusammengeschrieben.

b) Mara will mit ihrem Freund in dem neuen Restaurant _____ (essen/gehen).

c) Dazu müssen sie _____ (Bus/fahren).

d) Zum Glück hat Peter eine Monatskarte, denn _____ (schwarz/fahren) kommt für ihn nicht in Frage.

e) Ein Richter kann den Angeklagten _____ (frei/sprechen), wenn er Zweifel an dessen Schuld hat.

f) Max und Arnold treffen sich, um gemeinsam _____ (Schlittschuh/zu/laufen).

Kannst du das? – Sprache thematisieren

Grammatik

1. Lies den folgenden Text. Ergänze in den markierten Sätzen die fehlenden Kommas farbig.

Grace O'Malley – Piratenkönigin

A „Ich – Grace O'Malley" ist die Geschichte einer ungewöhnlichen Frau: einer irischen Piratin die 1530 an der Westküste Irlands geboren wurde. B Noch heute ist sie bei den Iren bekannt und berühmt dafür dass sie den Engländern den Kampf
5 angesagt hat. Bereits als Mädchen fällt Grace aus dem Rahmen. C Sie zieht sich Hosen an schneidet sich das Haar kurz und schmuggelt sich als Decksjunge auf das Schiff ihres Vaters das nach Spanien segelt. Hier erlernt sie das Schiffshandwerk von der Pike auf. Schließlich wird sie gegen ihren Willen mit
10 16 Jahren verheiratet und bringt drei Kinder zur Welt. D Doch es kommt dazu dass sie ihrem Mann Konkurrenz macht – denn sie erbeutet mehr Schätze zu Wasser und zu Lande als er. Als erste Frau wird sie Anführerin ihres Clans. Grace O'Malley war eine wichtige Figur im Kampf zwischen
15 den Iren und den Engländern. E Als die Engländer ihren Sohn Tibbot gefangen nehmen reist Grace O'Malley zu Königin Elisabeth I. und bekommt ihn wieder. „Ich bin Herrscherin von Irland, Du von England", schleudert sie der Tudor-Königin ins Gesicht.

2. Zeichne zu jedem markierten Satz das Satzbild und bestimme die Funktion der jeweiligen Nebensätze. Orientiere dich an dem Beispiel.

A: _____, \~\~\~\~\~\~\~\~\~\~ . *NS: Relativsatz (Attributsatz)*

B: _____

C: _____

D: _____

E: _____

3. Erkläre, warum in Satz A ein Doppelpunkt und in Satz D ein Gedankenstrich verwendet wird. Gib an, welche Satzzeichen an diesen Stellen auch stehen könnten, und begründe.

Elvis Presley – King of Rock'n'Roll

Elvis Aaron Presley (1935–1977) – häufig einfach nur „Elvis" genannt – war ein US-amerikanischer Sänger, Musiker und Schauspieler, der als einer der wichtigsten Vertreter der Rock- und Popkultur des 20. Jahrhunderts gilt und wegen seiner Erfolge und seiner Ausstrahlung auch als „King of Rock 'n' Roll" (oder einfach als „King") bezeichnet wird. Presley zählt zu den erfolgreichsten
5 Solo-Künstlern weltweit; über eine Milliarde Tonträger wurden (auch noch nach seinem Tod) verkauft. Für Furore sorgten seine – für die damalige Zeit sehr körperbetonten – Bühnenauftritte mit dem für ihn so typischen Hüftschwung. Zu seinem weit über die Grenzen Amerikas hinaus bekannten Markenzeichen wurde Presleys einprägsamer, gefühlsbetonter Gesangsstil (annähernd drei Oktaven umfasste seine Stimme), mit dem er in unterschiedlichen Genres (wie Rock, Pop, Country,
10 Blues und Gospel) erfolgreich war. Zudem wirkte er in mehr als 30 Spielfilmen mit – wenn auch sein schauspielerisches Talent nicht an sein musikalisches heranreichte.

Elvis Presley sorgte, gerade in seiner Anfangszeit, immer
15 wieder für Aufsehen. So löste einer seiner ersten TV-Auftritte 1956 eine Welle des Protestes aus, er machte während eines Songs vor dem Mikrofon besonders rhythmische Hüft- und Beinbewegungen. Elternverbände, Lehrerorganisationen, verschiedene religiöse
20 Gruppierungen sowie auch Politiker liefen Sturm gegen den jungen Musiker, der für sie eine vermeintlich sittliche Bedrohung für die Teenager von Amerika darstellte. Seinen musikalischen Siegeszug konnte dies jedoch nicht bremsen, im Gegenteil.
25 Als Elvis Presley 1977 im Alter von 42 Jahren starb, nahm die Weltöffentlichkeit großen Anteil. Es wurde sogar versucht, den Leichnam des berühmten Sängers zu entwenden.

4. 📰 Lies den Text über Elvis Presley und beurteile den ersten Absatz (bis Zeile 13) hinsichtlich des Stils. Verbessere diesen Abschnitt so, dass er leserfreundlicher wird. Arbeite im Heft.

5. Markiere im zweiten Absatz (ab Zeile 14) Textstellen, an denen anstelle der Kommas auch Klammern, Gedankenstriche, ein Doppelpunkt oder ein Semikolon möglich wären. Schreibe deine Satzvarianten auf.

_____

_____

_____

_____

_____

_____

_____

Rechtschreibung

Die Brüder Grimm – Märchenkönige von damals und heute

Es war einmal in Hanau. Dort wurden die Brüder Jacob und Wilhelm Grimm am paradeplatz (dem heutigen freiheitsplatz) geboren. Bald nach der Geburt der Söhne (1785 und 1786) zog die Familie in die
5 langgasse, jetzt langstraße, um.
Heute pflegt die hessischestadt das Andenken an ihre berühmten Brüder sehr intensiv. So hat das historischemuseum im schlossphilippsruhe eine eigene Abteilung eingerichtet. Im Park des Schlosses finden allsom-
10 merlich die brüdergrimmfestspiele statt und bereits seit 1983 verleiht die Stadt den brüdergrimmpreis. Außerdem beginnt in Hanau die deutschemärchenstraße (_____ Karte), die sich über 600 _____ lang durch jene Orte und Landschaften zieht, die einst
15 Lebensstationen von Jacob und Wilhelm waren und _____ als Heimat ihrer Märchen gelten.
Über 30 Jahre ihres Lebens verbrachten die Brüder Grimm in der alten Residenzstadt Kassel: zuerst als Gymnasiasten, später als Bibliothekare _____
20 Wissenschaftler. Hier entstanden ihre bedeutendsten Werke (_____ das deutschewörterbuch).
Die „Kassel Marketing _____" bietet Stadtrundgänge „Auf den Spuren der Grimms" an. Diese führen _____ zum brüdergrimmplatz nahe der torwache, wo _____ das brüdergrimmdenkmal zu bewundern ist. Zum 175. Ge-
25 burtstag von Jacob Grimm öffnete das brüdergrimmmuseum seine Pforten.
In Marburg studierten die Brüder Jura an der dortigen _____. Sie wohnten in der barfüßerstraße. Oft saßen die Grimms mit den marburgerromantikern zusammen, wo auch die Idee entstanden sein soll, Volkspoesie (Märchen _____) in einer Textsammlung zusammenzutragen. So wurde der Grundstein gelegt für die Volksliedsammlung „Des Knaben Wunderhorn", die
30 bis in unser _____ nichts an Anziehungskraft verloren hat und bereits in verschiedenen _____ mit mehreren _____ erschienen ist.

1. 📄 Lies den Text über die Brüder Grimm und schreibe die markierten Namen korrekt auf. Achte auf Groß- und Kleinschreibung und überlege, ob du getrennt, mit Bindestrich oder zusammenschreiben musst. Arbeite im Heft.

2. Fülle die Lücken im Text mithilfe der folgenden Vorgaben aus. Bilde zuvor aus den einzusetzenden Wörtern Abkürzungen, Kurzwörter oder Initialkurzwörter und schreibe sie auf.

Auflagen: _____ Bänden: _____ beziehungsweise: _____

Gesellschaft mit beschränkter Haftung: _____ Jahrhundert: _____

Kilometer: _____ und Ähnliches: _____ Universität: _____

unter anderem (2 x): _____ vergleiche: _____ vor allem: _____

zum Beispiel: _____

⊕ **Hörtext**
Beifußblättrige Ambrosie
bz6r9s

Kannst du das? – Hörverstehen

1. Lies die folgenden Aufgaben. Höre dir anschließend den Hörbeitrag an und notiere zielgerichtet Stichpunkte.
Bearbeite auf der Grundlage des Hörbeitrags die folgenden Aufgaben.

2. Schreibe auf, wie der Radiosender heißt, der den Beitrag gesendet hat.

_____

3. Formuliere das Thema des Hörbeitrags.

_____

_____

4. Richtig oder falsch? Kreuze an.

Im Hörbeitrag ...	richtig	falsch
werden zwei Wissenschaftler interviewt.		
stellt ein Moderator Fragen, gibt selbst Informationen und leitet von einem Teil zum anderen über.		
erfolgt eine thematische Rahmung.		
ist neben gesprochenen Passagen auch Musik zu hören.		

5. Schreibe auf, wodurch die Gliederung des Hörbeitrags akustisch verdeutlicht wird.

_____

6. Bringe die folgenden inhaltlichen Schwerpunkte in die Reihenfolge, wie sie im Hörbeitrag behandelt werden, indem du sie nummerierst.

☐ Hobbygärtner gegen Ausbreitung der Ambrosie

☐ Ausbreitung der Ambrosie in Deutschland

☐ Vorkommen der Ambrosie in Deutschland

☐ Erkennen der Beifußambrosie

☐ Schutz gegen Ausbreitung der Ambrosie

7. Kreuze die richtige Fortsetzung des Satzes an.

Der Sachverständige in dem Hörbeitrag ...

☐ ist Biologe.

☐ hat keinen Doktortitel.

☐ heißt Olaf Schmidts.

☐ arbeitet an der Heinrich-Heine-Universität in Bonn.

8. Richtig oder falsch? Kreuze an.

Die Ambrosie ...	richtig	falsch
hat Blätter, die dem Beifuß sehr ähnlich sind.		
kommt ursprünglich aus Südamerika.		
wurde vorwiegend durch Handelsleute und Handelsgüter verbreitet.		
ist in Deutschland hauptsächlich in Ostdeutschland und in Ballungsgebieten vorhanden.		
hat sich vor allem durch Saatgut und Vogelfutter ausgebreitet.		

9. Schreibe auf, wie viele Arten der Ambrosie es in Deutschland gibt.

_____

10. Erkläre, warum man im Garten ausgerissene oder abgeschnittene Ambrosie-Pflanzen nicht in den Kompost geben sollte.

_____

_____

_____

11. Liste Maßnahmen auf, mit denen in der Schweiz gegen die Ambrosie vorgegangen wird, und bewerte dieses Vorgehen.

_____

_____

_____

_____

_____

_____

Sachtext

1. Lies den Text und bearbeite auf seiner Grundlage die folgenden Aufgaben.

nach Verena Linde: Algen – Die Kraftpakete der Natur

Algen haben es wirklich in sich. In den winzigen Lebewesen steckt eine Menge Energie: Genug, um künftig Flugzeuge mit nichts als Algensprit abheben zu lassen? Das wollen Wissenschaftler nun erforschen und vermehren die kleinen Kraftpakete in ihren Laboratorien.

Sie sind grün und so winzig, dass wir sie mit bloßem Auge nicht erkennen können. In Massen
5 schwimmen sie in Meeren, Flüssen und Seen: Algen. Und ausgerechnet mit diesen klitzekleinen Lebewesen wollen Wissenschaftler nun große Probleme der Menschheit lösen? […]
„Man unterschätzt Algen leicht", sagt Carola Griehl, Biochemikerin an der Hochschule Anhalt in Köthen. Sie muss es wissen, denn seit Jahren erforscht die Professorin diese einzelligen Lebewesen und auch mehrzellige Arten, die oft wie Pflanzen aussehen, aber keine sind. […]
10 Algen sind echte Energiebündel – und aus diesem Grund für Forscher wie Carola Griehl hoch-interessant. Schließlich suchen Wissenschaftler überall auf der Welt nach einem Ersatz für Öl und Gas. Die Vorräte dieser Brennstoffe werden auf der Erde nämlich in einigen Jahrzehnten aufge-braucht sein. Algen könnten dafür sorgen, dass auch in Zukunft Autos in die Gänge und Heizungen auf Touren kommen, weil die energiegeladenen Winzlinge unbegrenzt nachwachsen.
15 Tatsächlich hob im Januar dieses Jahres ein Kleinflugzeug des Typs Diamond DA42 ab – mit Algen-sprit im Tank. Und auch große Passagiermaschinen befeuerten einige Triebwerke bereits mit dem umweltfreundlichen Kraftstoff. Das Beste daran: Weil die Algen beim Wachsen so viel CO_2 verbrau-chen wie später beim Verbrennen im Motor entsteht, ist die sogenannte Klimabilanz ausgeglichen. Allerdings: Der Bio-Sprit ist noch sehr teuer, ein Liter kostet mindestens 50 Euro, die Tankfüllung
20 für einen Kleinwagen also schlappe 2000 Euro. Ein hoher Preis! „Die Produktion ist eben sehr aufwendig", sagt Carola Griehl. „Denn den Treibstoff gewinnt man aus dem Öl, das in den Algen steckt. Um an dieses Öl heranzukommen, muss man die Algenzellen aufspalten, das Öl herauslösen und aufarbeiten."

Der Aufwand lohnt sich für Carola Griehl und
25 ihr Team nur, weil sie noch viel mehr aus Al-gen herausholen: Eiweiße, bestimmte Farbstoffe und verschiedene Zucker. „All das können wir etwa für Tierfutter, Vitamintabletten, Kosmetika und Arzneimittel gebrauchen. So verdienen wir
30 zusätzlich Geld und die Arbeit zahlt sich aus", erklärt Carola Griehl.

Auch, weil die Wissenschaftler selbst den letzten Rest, der von den Algen übrig bleibt, nutzen: die Biomasse. Mit diesem Abfall kann man
35 Strom erzeugen. Das hat sich in der Landwirt-schaft schon bewährt. Man füllt die Biomasse in eine Biogasanlage, eine Art Super-Kompost-haufen, und lässt alles verfaulen. […] In der Biogasanlage entstehen beim Verfaulen Gase,
40 vor allem Methan und CO_2. Mit der Energie, die im Methan steckt, lassen sich Wärme und Strom erzeugen. Und das CO_2? Das verfüttert

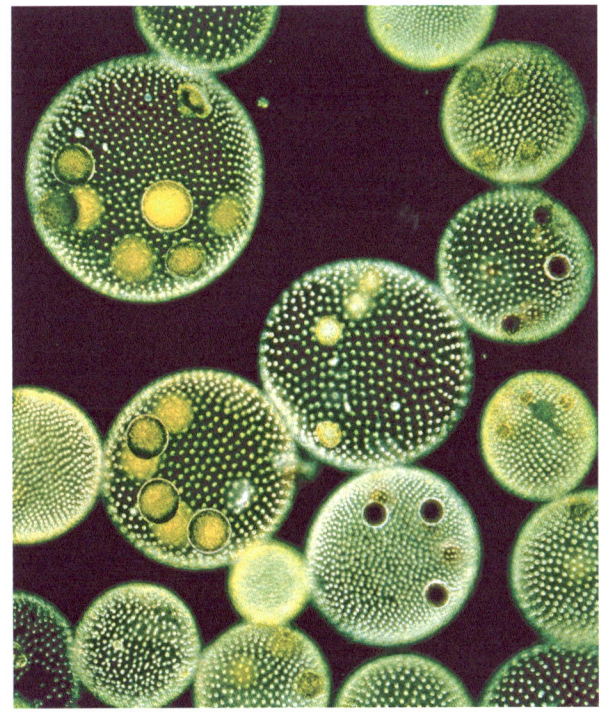

Carola Griehl einfach wieder an neue Algen, indem sie es in die Aufzuchtröhren leitet, wo die grünen Winzlinge wachsen. Diese wandeln es wiederum mit Hilfe von Licht in Zucker und Sauerstoff
45 um – ein perfekter Kreislauf.
Carola Griehl und ihre Kollegen experimentieren im Labor allerdings nur mit geringen Algenmengen. Um etwa den ganzen Luftverkehr versorgen zu können, müsste man Algen auf 68.000 Quadratkilometern anbauen – eine Fläche fast so groß wie Bayern. Nur so würden sich die 200 Millionen Tonnen Kerosin, die Passagierflugzeuge jährlich verbrauchen, eines Tages ersetzen lassen.
50 Ob das tatsächlich klappen wird, das wissen wir erst in ein paar Jahren. Carola Griehl setzt jedenfalls alles daran – und probiert mehr als mancher Kollege: „Ich backe sogar Kekse aus Algen", sagt sie. „Und die sind wirklich kein bisschen eklig!"

2. Richtig oder falsch? Kreuze an.

Algen ...	richtig	falsch
findet man in Gewässern.		
sind mit bloßem Auge sichtbar.		
können ein- und mehrzellig sein.		
ähneln oft Pflanzen.		
sind Eiweißbündel.		

3. Schreibe Namen und Beruf der Person auf, die die Forschungen zu den Algen leitet, und notiere die Forschungseinrichtung, in der sie arbeitet.

_____

_____

4. Richtig oder falsch? Kreuze an.

Welche Probleme der Menschheit sollen mithilfe der Algen-Forschung in Angriff genommen werden?	richtig	falsch
Probleme der Welternährung		
Probleme des Klimas		
Probleme der Brennstoffvorräte		
Probleme der Landwirtschaft		
Probleme der Luftverschmutzung		

5. Erkläre, was damit gemeint ist, dass die Algen die sogenannte Klimabilanz ausgleichen (Zeile 18).

_____

_____

_____

6. Richtig oder falsch? Kreuze an.

Die kostspielige Algenzüchtung innerhalb der Forschung lohnt sich dennoch, weil ...	richtig	falsch
als Nebenprodukte hauptsächlich Farbstoffe entstehen.		
Stoffe für Vitaminpräparate gewonnen werden können.		
die übrigbleibende Biomasse als Düngemittelgrundlage eingesetzt wird.		
Grundlagen für Arzneimittel und Kosmetikartikel gewonnen werden.		
verschiedene Zucker und Eiweiße aus den Algen herausgeholt werden, die z.B. in der Futtermittelherstellung Einsatz finden.		

7. Kreuze die richtige Fortsetzung des Satzes an.

Der Kerosin-Bedarf für Passagierflugzeuge kann momentan durch Algen noch nicht gedeckt werden, da …

- [ ] die Algen nur sehr langsam wachsen.
- [ ] die Forschungsgelder dafür begrenzt sind.
- [ ] die Menge der angebauten Algen zu gering ist.
- [ ] die Algen-Aufzuchtröhrchen zu klein sind.

8. Sollte die Algen-Forschung trotz der hohen Kosten weiterbetrieben werden? Formuliere deine Meinung und begründe sie.

_____

_____

_____

_____

_____

_____

9. Kreuze die richtige Fortsetzung des Satzes an.

Der vorliegende Text ist …

- [ ] ein aktueller Forschungsbericht.
- [ ] eine wissenschaftliche Reportage.
- [ ] eine Beschreibung von Algenzucht.
- [ ] ein Interview mit einer Forscherin.

Literarischer Text

1. Lies den Text und bearbeite auf seiner Grundlage die folgenden Aufgaben.

Marie Luise Kaschnitz: Ein ruhiges Haus (1973)

Ein ruhiges Haus, sagen Sie? Ja, jetzt ist es ein ruhiges Haus. Aber noch vor kurzem war es die Hölle. Über uns und unter uns Familien mit kleinen Kindern, stellen Sie sich das vor. Das Geheul und Geschrei, die Streitereien, das Trampeln und Scharren der kleinen zornigen Füße. Zuerst haben wir nur den Besenstiel gegen den Fußboden und gegen die Decke gestoßen. Als das nichts half, hat

5 mein Mann telefoniert. Ja, entschuldigen Sie, haben die Eltern gesagt, die Kleine zahnt, oder die Zwillinge lernen gerade laufen. Natürlich haben wir uns mit solchen Ausreden nicht zufrieden-gegeben. Mein Mann hat sich beim Hauswirt beschwert, jede Woche einmal, dann war das Maß voll. Der Hauswirt hat den Leuten oben und den Leuten unten Briefe geschrieben und ihnen mit der fristlosen Kündigung gedroht. Danach ist es gleich besser geworden. Die Wohnungen hier sind

10 nicht allzu teuer und diese jungen Ehepaare haben nicht das Geld, umzuziehen. Wie sie die Kinder zum Schweigen gebracht haben? Ja, genau weiß ich das nicht. Ich glaube, sie binden sie jetzt an den Bettpfosten fest, so dass sie nur kriechen können. Das macht weniger Lärm. Wahrscheinlich bekom-men sie starke Beruhigungsmittel. Sie schreien und juchzen nicht mehr, sondern plappern nur noch vor sich hin, ganz leise, wie im Schlaf. Jetzt grüßen wir die Eltern wieder, wenn wir ihnen auf der

15 Treppe begegnen. Wie geht es den Kindern, fragen wir sogar. Gut, sagen die Eltern. Warum sie da-bei Tränen in den Augen haben, weiß ich nicht.

2. Beschreibe mit einem Satz den Schauplatz der Handlung.

_____

3. Im Text wird ein Konflikt dargestellt. Schreibe die Gegenspieler auf.

_____   ⟷   _____

4. Kreuze die richtige Fortsetzung das Satzes an.

Der Konflikt wird ausgelöst durch …

☐ das Tätigwerden des Hauswirts.

☐ das Spielen der Kinder im Treppenhaus.

☐ das Verhalten des Ehepaars.

☐ die Ausreden der jungen Leute.

5. Richtig oder falsch? Kreuze an.

Das Thema des Textes ist:	richtig	falsch
Sorge um das Aufwachsen der Kinder		
gegenseitige Rücksichtnahme		
Dienste der Hauswirte		

6. Im Text wird berichtet, dass das Haus vor kurzem „die Hölle" war (Zeile 2). Erkläre, was damit gemeint ist.

_____

7. Ordne die folgenden Handlungsschritte nach ihrer zeitlichen Abfolge, indem du sie nummerierst.

Der Hauswirt droht mit fristlosen Kündigungen. ☐

Der Mann und die Frau telefonieren mit den jungen Leuten. ☐

Das Ehepaar gibt sich mit vorgebrachten Ausreden nicht zufrieden. ☐

Der Mann beschwert sich jede Woche beim Hauswirt. ☐

8. Kreuze die richtige Fortsetzung das Satzes an.

Die jungen Familien ziehen nicht um, weil …

☐ sie auf die gegenseitige Unterstützung der Hausbewohner bauen.

☐ sie schon sehr lange in dem Haus leben.

☐ sie keine höhere Miete zahlen können.

☐ sie sich in dem ruhigen Haus wohlfühlen.

9. Erkläre, warum die Eltern Tränen in den Augen haben, wenn sie nach den Kindern befragt werden.

_____

10. Richtig oder falsch? Kreuze an.

Auf den erzählenden Text treffen folgende Merkmale zu:	richtig	falsch
Die Erzählzeit ist kürzer als die erzählte Zeit.		
Es herrscht personales Erzählverhalten vor.		
Der Handlungsaufbau ist chronologisch.		
Die Erzählhaltung ist durchgängig sachlich.		
Es gibt eine/n Ich-Erzähler/in.		

11. Richtig oder falsch? Kreuze an.

Folgende Aussagen treffen auf die Kurzgeschichte zu:	richtig	falsch
Der Stoff ist aus dem Alltag gegriffen.		
Die Sprache ist sehr bildhaft.		
Der Handlungsbeginn ist unvermittelt, ohne besondere Einleitung.		
Es treten nur wenige Figuren auf, deren Äußeres nicht beschrieben wird.		

⭐ Kannst du das? – Schreiben

Tanja Zimmermann: Eifersucht

Diese Tussi! Denkt wohl, sie wäre die Schönste. Juhu, die Dauerwelle wächst schon raus. Und diese Stiefelchen von ihr sind auch zu albern. Außerdem hat sie sowieso keine Ahnung. Von nix und wieder nix hat die 'ne Ahnung.

5 Immer, wenn sie ihn sieht, schmeißt sie die Haare zurück wie 'ne Filmdiva.

Das sieht doch ein Blinder, was die für 'ne Show abzieht. Ja, O.K., sie kann ganz gut tanzen. Besser als ich. Zugegeben. Hat auch 'ne ganz gute Stimme, schöne Augen,

10 aber dieses ständige Getue. Die geht einem ja schon nach fünf Minuten auf die Nerven.

Und der redet mit der … stundenlang. Extra nicht hingucken. Nee, jetzt legt er auch noch den Arm um die.
Ich will hier weg! Aber aufstehen und gehen, das könnte

15 der so passen. Damit die ihren Triumph hat.

Auf dem Klo sehe ich in den Spiegel, finde meine Augen widerlich, und auch sonst, ich könnte kotzen. Genau, ich müsste jetzt in Ohnmacht fallen, dann wird ihm das schon Leid tun, sich stundenlang mit der zu unterhalten.

20 Als ich aus dem Klo komme, steht er da: „Sollen wir gehen?"
Ich versuche es betont gleichgültig mit einem Wenn-du-willst, kann gar nicht sagen, wie froh ich bin. An der Tür frage ich, was denn mit Kirsten ist.
„O Gott, eine Nervtante, nee, vielen Dank!"
…

25 „Och, ich find die ganz nett, eigentlich", murmel ich.

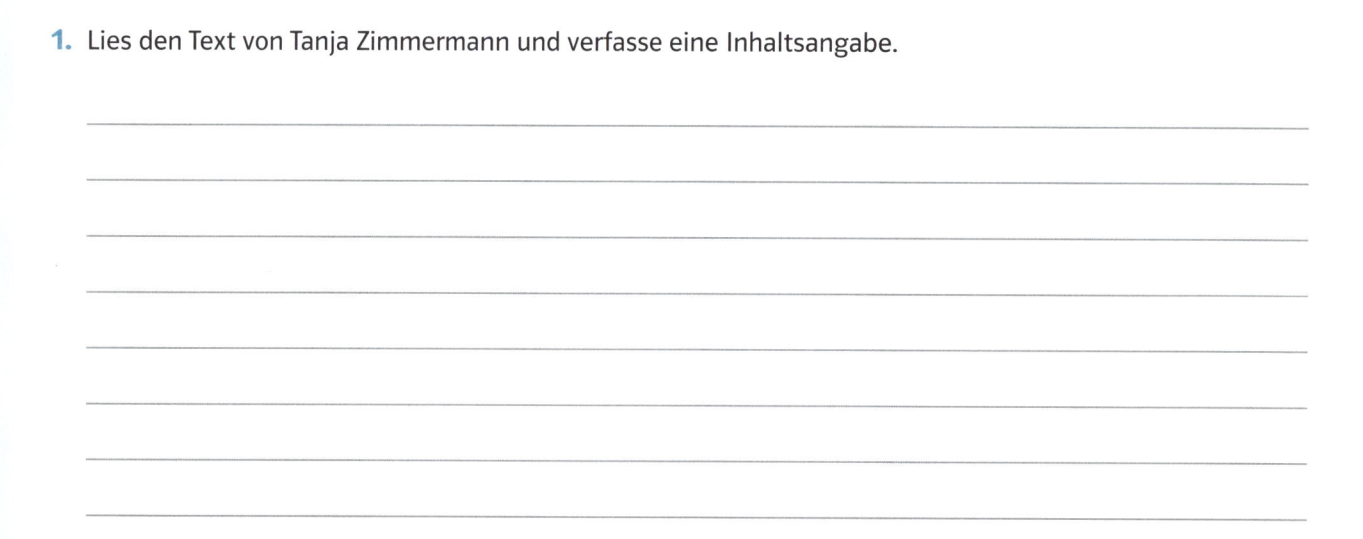

1. Lies den Text von Tanja Zimmermann und verfasse eine Inhaltsangabe.

_____

_____

_____

_____

_____

_____

_____

_____

2. 📰 Versetze dich in die Figur der Kirsten <u>oder</u> in die des Freundes und verfasse zu der dargestellten Situation einen inneren Monolog. Mache dir Notizen zu Erzählweise, Aufbau, Figurengestaltung und sprachlichen Besonderheiten des Textes. Überlege, welche Gedanken Kirsten <u>oder</u> dem Freund der Ich-Erzählerin während des Geschehens durch den Kopf gehen könnten. Arbeite im Heft.

Lernspiegel

Der Lernspiegel hilft dir, die Arbeit mit den Tests zu organisieren. Am Anfang steht, was in den Aufgaben von dir verlangt wird. Unter „Einschätzung" kreuzt du das Ergebnis an, das du in den Testaufgaben erzielt hast. Sind dir Aufgaben noch nicht so gut oder gar nicht gelungen (☺ und ☹), dann folge den Verweisen in der letzten Spalte.

Test – Sprache thematisieren (a=Grammatik, b=Rechtschreibung)

Ich kann ...	Einschätzung			Wiederholung
Regeln zur Zeichensetzung anwenden. – Aufgaben 1a, 3a, 5a	☺	☺	☹	Schülerbuch S. 206 ff.
Satzbilder zeichnen. – Aufgabe 2a	☺	☺	☹	Schülerbuch S. 207
Texte stilistisch verbessern. – Aufgabe 4a	☺	☺	☹	Schülerbuch S. 199, 210 f.
Eigennamen und Ableitungen von Eigennamen richtig schreiben. – Aufgabe 1b	☺	☺	☹	Schülerbuch S. 220 ff.
Abkürzungen und Kurzwörter bilden und richtig schreiben. – Aufgabe 2b	☺	☺	☹	Schülerbuch S. 226 f.

Test – Hörverstehen

Ich kann ...	Einschätzung			Wiederholung
das Thema eines Hörtextes bestimmen – Aufgaben 3, 4	☺	☺	☹	
die Gliederung eines Hörtextes wiedergeben – Aufgaben 5, 6	☺	☺	☹	Schülerbuch S. 312 ff. Online-Bereich
einem Hörtext gezielt Informationen entnehmen. – Aufgaben 2, 7–10	☺	☺	☹	Hörtexte + Arbeitsblätter
Schlussfolgerungen aus einem Hörtext ziehen. – Aufgabe 11	☺	☺	☹	

Test – Verstehendes Lesen (a=Sachtext, b=literarischer Text)

Ich kann ...	Einschätzung			Wiederholung
einem Text zielgerichtet Informationen entnehmen. – Aufgaben 2a–4a, 6a, 7a, 2b–4b, 8b	☺	☺	☹	Schülerbuch S. 12 f., 81
Texte in Handlungsschritte gliedern. – Aufgabe 7b	☺	☺	☹	Schülerbuch S. 81, 108 ff.
Schlussfolgerungen aus einem Text ziehen. – Aufgaben 5a, 8a, 6b, 9b	☺	☺	☹	Schülerbuch S. 17, 92
Merkmale eines literarischen Textes erkennen. – Aufgaben 10b, 11b	☺	☺	☹	Schülerbuch S. 110, 114
die Aussageabsicht und das Thema eines Textes erkennen. – Aufgaben 9a, 5b	☺	☺	☹	Schülerbuch S. 13, 92

Test – Schreiben

Ich kann ...	Einschätzung			Wiederholung
eine Inhaltsangabe schreiben. – Aufgabe 1	☺	☺	☹	Schülerbuch S. 78 ff.
einen inneren Monolog verfassen. – Aufgabe 2	☺	☺	☹	Schülerbuch S. 96

Fachbegriffe

Begriff	Erklärung	Beispiele	Seite
Adjektiv, das	Eigenschaftswort	*schön, mutig, hässlich*	61 ff.
Adverb, das	Umstandswort	*heute, gern, dort, deshalb*	61 ff., 69
Adverbialbestimmung, die	Satzglied, nähere Umstände	*Sie steht **dort schon lange**.*	69
Adverbialsatz, der	Nebensatz, der die Funktion einer Adverbialbestimmung erfüllt	*Wenn wir morgen ins Kino gehen, …*	69
Akkusativ, der	4. Fall, Wen-Fall	*den Vater, die Mutter, das Kind*	65
Attribut, das	Satzgliedteil, genauere Angabe	*Sie nimmt das schöne Bild.*	60
Dativ, der	3. Fall, Wem-Fall	*dem Vater, der Mutter, dem Kind*	65
Deklination, die	Beugung von Substantiven, Adjektiven, Pronomen, Artikeln	*dem Kind, meiner blauen Tasche*	61
Demonstrativpronomen, das	hinweisendes Fürwort	*diese, jene, solcher, derjenige*	–
Ellipse, die	grammatikalisch unvollständiger Satz	*Ende gut, alles gut!*	11
Futur I/II, das	Zeitform des Verbs, Zukunft bzw. in der Zukunft Abgeschlossenes	*Futur I: ich werde gehen, Futur II: ich werde gegangen sein*	–
Genitiv, der	2. Fall, Wessen-Fall	*des Vaters, der Mutter, des Kindes*	–
Genus, das	grammatisches Geschlecht	*maskulin, feminin, neutral*	62
Hauptsatz, der	finites Verb an 1. oder 2. Stelle, kann alleine stehen	*Das Kind schreit laut. Weil es wütend ist, **schreit das Kind laut.***	66
Imperativ, der	Befehlsform des Verbs	***Komm** mit! **Hilf** mir! **Geht** langsam!*	58
Indikativ, der	Wirklichkeitsform des Verbs	*Er **kommt** mit. Er **hilft** ihr.*	58
indirekte Rede, die	Form der Redewiedergabe	*Sie sagt, er **komme** mit.*	58
Infinitivgruppe, die	Nebensatz, der einen Infinitiv mit *zu* beinhaltet	*Er kommt mit, um sie zu sehen.*	66
Inversion, die	Wortfolge im Satz weicht von der üblichen Satzgliedfolge ab	*Dich erwarte ich.*	11, 42
Konjugation, die	Beugung des Verbs	*ich bin, du bist, er ist, wir sind*	61
Konjunktion, die	Bindewort	*nebenordnend: und, aber, denn … unterordnend: weil, damit, dass, wenn …*	61 ff., 66
Konjunktiv I/II, der	Möglichkeitsform des Verbs	*I: Sie behauptet, sie **habe** nichts. II: Ich sagte, ich **hätte** nichts.*	58
Metapher, die	eine bildliche Vorstellung wird auf einen anderen Bedeutungsbereich übertragen	*Wüstenschiff, Warteschlange*	33
Modus, der	Kategorie des Verbs, Verhältnis des Sprechers zur Satzaussage	*Imperativ, Indikativ, Konjunktiv*	58
Nebensatz, der	finites Verb an letzter Stelle, kann nicht alleine stehen	***Weil es wütend ist**, schreit das Kind.*	66
Nomen, das	Substantiv, Hauptwort	*Mut, Blume, Häuser*	61 ff.
Nominalstil, der	viele Substantivierungen, bedeutungsschwache Verben, Verdichtung der Information	*sich die Befolgung der Anordnung zur Aufgabe machen*	58
Nominativ, der	1. Fall, Wer-Fall	*der Vater, die Mutter, das Kind*	–
Numerus, der	grammatische Zahl	*Singular, Plural*	62
Objekt, das	Satzglied, Satzergänzung	*Genitiv-, Dativ-, Akkusativobjekt*	–

Begriff	Erklärung	Beispiele	Seite
Objektsatz, der	Nebensatz, Funktion des Objekts	*Er bedauert, **dass er gelogen hat.***	–
Parallelismus, der	Wiederholung von Wortfolgen oder Satzbauformen	*am grauen Strand, am grauen Meer*	33, 42
Perfekt, das	Zeitform des Verbs, Vergangenheit, eher mündlich	*ich bin gelaufen, es hat geregnet*	–
Personalpronomen, das	persönliches Fürwort	*ich, du, er, sie, es, wir, ihr, sie*	61 ff.
Personifikation, die	Dinge oder Erscheinungen werden wie Lebewesen dargestellt	*Die Sonne lacht.*	33
Plural, der	Mehrzahl	*die Häuser, die Blumen*	62
Plusquamperfekt, das	Zeitform des Verbs, Vorvergangenheit	*ich war gelaufen, es hatte geregnet*	–
Possessivpronomen, das	besitzanzeigendes Fürwort	*mein, dein, sein, ihr, unser, euer*	–
Prädikat, das	verbales Satzglied, Satzkern	*Sie **nimmt** das Buch.*	–
Präposition, die	Verhältniswort	*auf, in, mit, für, neben, trotz*	61 ff., 65
Präsens, das	Zeitform des Verbs, Gegenwart	*ich laufe, er liest, es regnet*	–
Präteritum, das	Zeitform des Verbs, Vergangenheit, eher schriftlich	*ich lief, er las, es regnete*	–
Redebegleitsatz, der	vor oder nach wörtlicher Rede	*„Es regnet heute", **sagte er.***	–
Relativpronomen, das	bezügliches Fürwort	*der, die, das, welcher, welche, welches*	–
Relativsatz, der	durch Relativpronomen eingeleiteter Nebensatz, Form des Attributs	*Sie nimmt das Buch, **das auf dem Tisch liegt.***	73
Satzgefüge, das	zusammengesetzter Satz aus HS und NS	*Ich hörte Musik, als ich nach Hause kam.*	66
Satzglied, das	Teil des Satzes	*Subjekt, Objekt, Prädikat*	69
Satzverbindung, die	auch: Satzreihe, zusammengesetzter Satz aus HS und HS	*Ich kam nach Hause und ich hörte zuerst Musik.*	66
Singular, der	Einzahl	*das Haus, die Blume, ein Tier*	62
Subjekt, das	Satzglied, Satzgegenstand	***Sie** nimmt das Buch.*	–
Subjektsatz, der	Nebensatz, Funktion des Subjekts	***Wer fleißig ist,** bekommt eine Belohnung.*	–
Substantiv, das	Nomen, Hauptwort	*Mut, Blume, Häuser*	61 ff.
Substantivierung, die	Wörter, die wie Substantive gebraucht werden	*beim Springen, etwas Großes*	–
Symbol, das	in einem Kulturkreis festgelegtes bildliches Zeichen	*„Herz" für „Liebe"*	42
Synonyme, die	Wörter mit sehr ähnlicher oder gleicher Bedeutung	*Ehemann, Gatte, Gemahl*	–
Verb, das	Tätigkeitswort	*laufen, einkaufen, regnen*	61 ff.
Verbalstil, der	übersichtlicher Satzbau und aussagekräftige Verben	*was angeordnet wird, muss auch befolgt werden*	58
Vergleich, der	Verknüpfung zweier Bedeutungsbereiche	*so rot wie Blut*	11, 33
wörtliche Rede, die	Rede von Figuren im Text	*„Es regnet heute", sagte er.*	68
Zeitdehnung, die	Erzählzeit ist länger als erzählte Zeit	*Sie sah mich misstrauisch und durchdringend an, sodass mir ein Schauer über den Rücken lief.*	37
Zeitraffung, die	Erzählzeit ist kürzer als erzählte Zeit	*Viele Jahre vergingen, bis wir uns wiedersahen.*	37

Text- und Bildquellennachweis

Textquellen

S. 4f.: http://www.geo.de/GEOlino/mensch/was-tun-mit-den-ersten-eigenen-euros-51638.html?eid=51785, Abruf: 04.04.2014, Text von Sina Löschke; **S. 6:** Lampmann, Leiter einer Erziehungsberatungsstelle in Hamburg. http://www.welt.de/wams_print/article1716796/Wieviel-Taschengeld-ist-richtig.html, Michael Höfling, Abruf: 04.04.2014; **S. 7:** aus: GEOlino extra Geld Nr. 36, 10/2012, S. 16–20; **S. 10:** aus: GEOlino extra Geld Nr. 36, 10/2012; **S. 12:** http://www.geo.de/GEOlino/kreativ/geld-fuer-die-eigene-tasche-2992.html?eid=51785, nach Claudia Vüllers, Abruf: 04.04.2014; **S. 14:** http://www.dw-world.de/dw/article/0,,3792898,00.html – Abrufdatum: 15.12.11, Deutsche Welle, Anstalt des öffentlichen Rechts; **S. 17:** Krebsforscher Dr. Irwin D. J. Bross, Leiter der Abteilung für Lebensstatistik am Roswell Park Memorial Institute von New York, https://www.peta.de/hintergrundwissen-tierversuche, Abruf: 07.04.2014; Robert Spaemann, Münchner Philosoph, 1980, http://www.stoptierversuche.de/; Interview mit Herrn Dr. Thorsten Ruppert: http://www.almonature.de/unternehmen/news-almo-nature/kein-neues-medikament-ohne-tierversuche/, Abruf: 07.04.2014; **S. 22 f.:** aus: Ilse Aichinger: Der Gefesselte. (Gesammelte Werke, Band 2: Erzählungen 1, 1948–1952). Frankfurt: S. Fischer, 2005; **S. 28:** aus: Martin Suter: Business Class. Zürich: Diogenes Verlag 2000, S. 49-51; **S. 29:** aus: Franz Kafka Die Erzählungen. Originalfassung, Hrsg. Roger Hermes, Fischer Verlag, 1997; **S. 31:** aus: Ephraim Kishon: Arche Noah, Touristenklasse. Neue Satiren aus Israel. Rowohlt Taschenbuch 1965, Seite 41-45; **S. 34 ff.:** aus: Gottfried Keller: Kleider machen Leute. Stuttgart: Reclam 1969, 1996. (Gottfried Keller: Sämtliche Werke, Hrsg. Jonas Fränkel, Bd. 8, Erlenbach bei Zürich: E. Rentsch, 1927); **S. 42:** aus: Hans Magnus Enzensberger : Rebus Gedichte, Suhrkamp Verlag Frankfurt am Main 2009, S. 50; **S. 44:** aus: Günter Eich: Gesammelte Werke in vier Bänden, hrsg. v. S. Müller-Hanpft et al. Suhrkamp, Frankfurt/Main 1973, Band 1: Die Gedichte, S. 35; **S. 46:** aus: Christa Reinig: Sämtliche Gedichte. Düsseldorf: Eremiten-Presse 1984; **S. 47:** aus: In meinen Träumen läutet es Sturm, © 1977 Deutscher Taschenbuch Verlag, München; **S. 48:** aus: Kurt Drawert: Fraktur, Reclam Verlag, Leipzig, 1994, S. 34 f.; **S. 50 ff.:** aus: Hübner, Lutz: Creeps – Ein Jugendtheaterstück. Ausgabe: Den Bühnen gegenüber MS., Hartmann & Stauffacher, Köln 2005, S. 5 ff.; **S. 59:** aus: Daniel Defoe: Robinson Crusoe, Leipzig/Wien: Bibliografisches Institut, 1917, Übersetzung: Karl Altmüller, S. 50 f.; **S. 60:** nach: http://www.gesetze-im-internet.de/sportseeschv/BJNR020610992.html, Abruf: 07.04.2014; **S. 61:** 15.05.2010 Von Michael Kieffer, Sydne nach: http://www.sz-online.de/nachrichten/gefaehrlicher-drang-nach-freiheit-180716.html?bPrint=true , Abruf: 07.04.2014; **S. 63:** aus: Jessica Watson: Solo mit Pink Lady: Mit 16 die Welt erobert. Bielefeld: Delius Klasing 2011, S. 200 f.; **S. 64:** Spiegel Online, SchulSPIEGEL: Segelndes Klassenzimmer – mit grünen Gesichtern über der Reling, nach: http://www.spiegel.de/schulspiegel/ausland/segelndes-klassenzimmer-mit-gruenen-gesichtern-ueber-der-reling-a-450290.html , Abruf: 07.04.2014; **S. 68:** Jessica Klepgen/Inga Meinke: Stadtklima Hamburg, nach: http://www.klimanavigator.de/dossier/artikel/035856/index.php , Abruf: 07.04.2014; **S. 70:** Jessica Klepgen /Inga Meinke: Bisheriger Klimawandel in Norddeutschland ((einzelne Sätze zur Übung)), Informationen nach: http://www.klimanavigator.de/dossier/artikel/035852/index.php , Abruf: 07.04.2014; **S. 71:** nach: http://www.klimanavigator.de/dossier/artikel/011998/index.php, Abruf: 07.04.2014; **S. 74:** aus: http://www.strassburg.eu/ , http://www.stb-reisen.com/de/reisen/Strasbourg.html, Abruf: 07.04.2014, Urheber Joachim Schweda und Achim Kilgús.; **S. 79:** nach: http://www.freiburg.de/pb/,Lde/361619.html, Abruf: 07.04.2014; **S. 82:** Klappentext: Terhart, Franjo: Ich – Grace O´Malley. Die abenteuerliche Geschichte einer irischen Piratin. Leipzig: Edition Hamouda 2009; **S. 83:** Elvis Presley, nach http://de.wikipedia.org/wiki/Elvis_Presley; **S. 84:** Textgrundlage Brüder Grimm: ADAC Hessen-Thüringen e. V. (Hrsg.): Überall Grimm. Frankfurt/Main. Redaktion: Enk, Andrea; Sinur, Karoline; **S. 87 ff.:** aus: GEOlino. Das Erlebnisheft. Nr. 9 September 2010, S. 35–38; **S. 90:** aus: Kaschnitz, Marie Luise: Steht noch dahin. Neue Post. Frankfurt/M.: Insel Verlag 1970, S. 70; **S. 92:** aus: Total verknallt. Ein Liebeslesebuch. Rowohlt, Reinbek bei Hamburg 1984, S. 119.

Bildquellennachweis

Cover U1 links Erben Professor Werner Klemke; **Cover U1 rechts** Getty Images, München; **Cover U4 rechts** Think stock (Hemera), München; **7** EZB, Frankfurt; **10** VISUM Foto GmbH (Thies Raetzke), Hamburg; **14** ddp images GmbH (dapd/Patrick Sinkel), Hamburg; **28** Diogenes Verlag AG, Zürich; **42** Bridgeman Art Library Ltd., Berlin. © VG Bild-Kunst, Bonn 2014 [Giorgio de Chirico: Die zwei Masken]; **47** Ullstein Bild GmbH, Berlin; **53** Giger, Claude, Basel; **61** Picture-Alliance (epa/Youngestround.com), Frankfurt; **67** IPCC, Genève 2; **68** VISUM Foto GmbH (Steche), Hamburg; **73** shutterstock (HABRDA), New York, NY; **79** shutterstock (ShenTao), New York, NY; **82** Edition Hamouda, Leipzig; **83** Corbis (Michael Ochs Archives), Düsseldorf; **84** StepMap GmbH, Berlin; **85** Mauritius Images (imagebroker/ib), Mittenwald; **87** Okapia (Manfred & Christina Kage), Frankfurt